아랍의 봄:
인문학과 사회의
교차적 진화

한국외국어대학교 중동연구소 인문사회연구 총서 2

아랍의 봄: 인문학과 사회의 교차적 진화

초판 1쇄 인쇄 2022년 8월 23일
초판 1쇄 발행 2022년 8월 30일
—

엮은이 김정아
지은이 김정아·엄한진·이경수·김수완·김은지·서정민
펴낸이 이방원
편 집 송원빈·김명희·안효희·정조연·정우경·박은창
디자인 양혜진·손경화·박혜옥   **마케팅** 최성수·김 준·조성규
—

펴낸곳 세창출판사
신고번호 제1990-000013호 주소 03736 서울시 서대문구 경기대로 58 경기빌딩 602호
전화 02-723-8660 팩스 02-720-4579 이메일 edit@sechangpub.co.kr 홈페이지 http://www.sechangpub.co.kr
블로그 blog.naver.com/scpc1992 페이스북 fb.me/Sechangofficial 인스타그램 @sechang_official
—

ISBN 979-11-6684-142-2 93300

이 저서는 2020년 대한민국 교육부와 한국연구재단의 지원을 받아 수행된 연구임(NRF-2020S1A5C2A01093123).

한국외국어대학교
중동연구소
인문사회연구 총서 2

아랍의 봄:
인문학과 사회의
교차적 진화

김정아 · 엄한진 · 이경수 · 김수완 · 김은지 · 서정민 **지음**
김정아 **엮음**

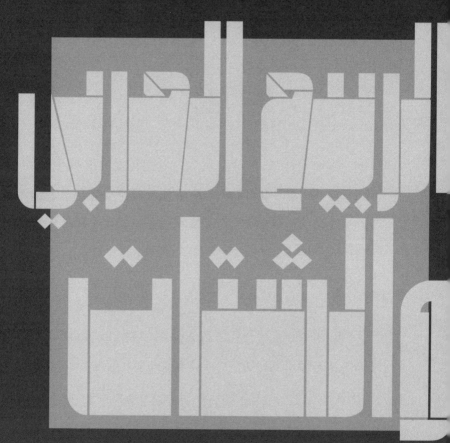

세창출판사

아랍의 봄, 이주, 문화

'아랍의 봄'은 지금 어디에 와 있는가?

이 질문에 답하기 위해 지난 10여 년간 많은 정치인, 학자, 언론인들은 아랍의 봄이 아랍 세계를 넘어 전 세계에 끼친 영향을 논의하고 의견을 제시했다. 이 책도 이 질문에 답하기 위해 시작되었다. 아랍의 봄은 민주화 시위와 함께 혁명을 초래했고, 혁명은 이주 발생의 원인이 되었으며, 이주는 이주민 유출국과 수용국 사회에 영향을 주고 또 받는다. 그 영향은 각각의 사회에서 새로운 사회적 국면을 만들고, 우리의 삶에도 연관되어 있다. 이런 상황을 공존共存의 형태로 만드는 데 보탬이 되기 위해 이 책은 기획되었다. 이 책은 우선 아랍의 봄 이후 이주의 현황과 수용국의 대응을 살펴보고, 혁명이 사람들의 삶에 어떻게 영향을 주고 있는지를 문화의 영역에서 논의한다. 특히 영화, 소설과 같은 예술 작품에서 재현되는 아랍의 봄을 조명하고 혁명이 가져온 아랍어 수사학의 변화도 살펴본다. 이 책은 이주와 난민 이슈를 파악하고 해결하기 위해 우리가 취해야 할 방향에 대한 견해를 담고 있다. 아랍의 봄은 정치·사회적 변혁이지만 전 세계 사람들의 삶에 넓고 깊게 관계하고 있다. 따라서 우리 사회가 당면한 이주와 난민 문제를 다루는 데 이 책이 기여할 수 있기를 바란다.

이주

인류 역사에서 이주는 상존常存한다. 집단이나 개인, 강제나 자발이라는 이주의 형태가 다를 뿐이다. 이주의 원인에는 경제, 인구, 환경, 분쟁 등 다양한 요소가 있다. 이 책은 아랍의 봄 이후의 이주에 대해 논하고, 이주민과 난민의 이슈를 유출국과 수용국의 입장에서 각기 바라본다. 이슬람의 원년을 가리키는 '히즈라al-Hijra'는 아랍어로 '이주'를 말한다. 이는 무함마드가 이슬람의 계시를 받고 메디나로 이주한 사건을 의미한다. 그만큼 이슬람 제국에서 이주는 제국의 발전을 가져온 중요한 동인 중 하나였다. 이슬람 제국은 아랍인뿐 아니라 그리스인, 인도인, 페르시아인, 튀르키예인 등 다양한 인종이 이주를 통해 함께 사는 혼종混種의

땅이었다. 이런 혼종의 사회에서 수학, 과학, 의학, 천문학, 건축학, 지리학 등에 걸쳐 학문적 근간이 다져지고 발전했다.

이 책은 우선 아랍의 봄 이후 가장 현실적으로 대두되는 이주와 난민 이슈를 다룬다. 첫 번째 글은 국제 이주에 대해 논한다. 아랍 세계는 오래전부터 이주민을 유출하기도, 수용하기도 했다. 이주민들은 대개 중동 및 북아프리카, 중앙아시아에서 유럽으로 이주하곤 했는데, 이 글에서는 아랍의 봄 이후 난민 이슈가 더욱 크게 전 세계적으로 부각되었다는 점을 조명한다. 이 글은 국제 이주에서 주요 변수로 등장한 코로나19 팬데믹이 이주민과 난민에게 어떻게 영향을 주었는가에 대해서도 집중 조명한다.

두 번째 글은 시리아 난민이 주변국으로 이주한 현황, 특히 시리아 난민을 수용하고 사회적 동요를 겪는 레바논의 상황과 국가 정책, 국제 사회의 대응 등을 다룬다. 이를 통해 시리아 난민의 현황과 권리를 살펴볼 뿐 아니라 수용국인 레바논 사회의 변화와 대처 등을 상세히 다루면서 난민 유입과 수용국 사회의 상호관계를 심도 있게 조명한다. 이러한 이주민과 난민 이슈는 우리 사회에서도 예외적 사안이 아니다. 2018년 484명의 예멘 난민이 제주도에서 난민 신청을 한 사례가 있다. 2021년 탈레반 정권이 아프가니스탄을 장악하자 378명의 아프가니스탄인이 고국을 떠나 '특별기여자'라는 이름으로 한국 땅을 밟았다. 이렇듯 우리 사회가 경험한 난민과 이주민 이슈를 보더라도 우리는 이 사안을 인간의 존엄성 존중과 평화 공존의 가치라는 큰 틀 안에서 접근할 필요가 있다. 이를 위해 타문화에 대해 정확한 정보와 능동적인 정책 대응이 필요하다.

문화

'아랍의 봄'과 같은 정치·사회적 혁명은 문화의 영역에서도 구체적이고 지속적인 변화를 가져온다. 예를 들어 세 번째 글은 시리아 내전을 다룬 여덟 편의 영화를 소개한다. 이 글은 내부자와 외부자의 시선으로 시리아 내전과 난민의 양상이 영화에서 재현된 방식을 소개하고, 난민의 자의식과 정체성 인식의 양상을 주제적·심리적 차원에서 규명한다.

네 번째 글은 아랍의 봄과 관련된 다큐멘터리 두 편을 다룬다. 특히 외부자의 시선으로 바레인과 이집트의 혁명에 관한 다큐멘터리를 소개하는데, 이집트의 경우 타흐리르 광장이라는 공간을 중심으로 민중의 시위와 혁명이 기록되는 과정을 보여 준다.

다섯 번째 글은 아랍의 봄 혁명에서 사용된 아랍어 수사를 다룬다. 민중의 저항언어로 사용된 아랍어와 정치인의 수사적 설득에서 사용된 아랍어의 변화 양상과 그 의의를 다룬다. 마지막으로 여섯 번째 글은 문학과 정치에 관해 이야기한다. 인간의 운명에 천착하는 문학이 인류 역사나 정치와 불가분의 관계에 있다는 주장은 보편타당하다. 아랍 문학 역시 1,400년이 넘는 세월 동안 끊임없이 정치에 깊이 관여하고 그 영향을 받았다. 아랍의 봄 전후를 보더라도 아랍 소설은 혁명을 예측하고 재현하면서 정치에 관여했다. 이 글은 2011년의 이집트 혁명을 재현한 소설 『가짜 공화국*Jumuhuriyyah Ka'anna*』을 대상으로 혁명 전후 인물의 의식이 변화하는 양상과 국가폭력이 혁명에 가담한 시민을 이주하게 만드는 과정과 그 의의를 밝힌다.

이처럼 이 책은 아랍의 봄, 이주, 문화를 사회학, 언어학, 문학의 관점에서 바라본 여섯 편의 글을 실었다. 각각의 글은 아랍의 봄이 혁명 이후 사람들의 삶에 어떤 영향을 주고, 문화 영역 내에서 새로운 형태로 어떻게 소비되는지를 보여 준다. 이를 통해 우리 사회에서 이주에 대한 논의를 활성화하고, 타문화를 이해하는 데 도움이 되기를 바란다. 이 책을 위해 원고를 내주신 다섯 분의 저자에게 진심으로 감사의 마음을 전하고, 선뜻 출판을 맡아 주신 세창출판사에도 고마움을 전한다.

2022년 8월
중동연구소
김정아

차례

—

1장

아랍의 봄과 코로나19 팬데믹 이후 국제 이주

엄한진
한림대학교

아랍의 봄과 코로나19 팬데믹 이후 국제 이주

1. 서론

코로나19 팬데믹으로 국제 이주의 흐름에 제동이 걸렸다. 이주민을 필요로 하는 일자리가 줄어들고 그만큼 본국으로의 송금도 줄어들었다. 이주민을 바라보는 시선도 더 싸늘해졌다. 팬데믹이 초래한 주류 사회의 총체적인 위기 속에서 타자에 대한 관용이 설 자리는 더욱 좁아진 것이다. 아랍 출신 이주민이나 아랍 세계에 거주하는 이주민의 경우도 예외는 아니었다. 유럽이나 걸프만 산유국의 기숙사, 난민촌, 가정에서 폭력과 감염의 위험에 노출되어 있는 이주민, 이전보다 더 어렵게 입국하고 더 쉽게 추방되는 이주민의 소식이 더 어려워진 상황을 전해 주고 있다. 그러나 불과 몇 년 전만 해도 '아랍의 봄'이라는 정치적 격변과 그 부산물인 전쟁, 무정부 상태가 초래한 대량 난민 현상이 세계의 이목을 끌었다. 난민이 유럽을 집어삼킬 것이라는 우려는 이제 노동력 부족 사태에 따른 위기의식으로 바뀌었다. 이 글에서는 이렇게 조금은 다른 결과를 낳은 두 가지 요인, 즉 아랍의 봄과 코로나19 팬데믹이 아랍 세계의 이주에 어떤 영향을 미쳤는지 살펴보고자 한다.

2. 아랍 세계의 이주

1) 떠나는 이주민과 들어오는 이주민

유럽의 아랍인은 미국의 흑인과 함께 종족적 소수자의 전형으로 간주된다. 이러한 인식에서 볼 수 있듯이 아랍 세계는 전통적으로 이주민을 배출하는 지역으로, 특히 유럽으로 노동력을 공급하는 지역으로 인식되어 왔다. 이주민의 한 유형이면서 이주민과 구분하기도 하는 난민의 경우에도 팔레스타인 난민이 그 전형을 이룬다. 제국주의와 지역 분쟁이 이 지역을 이주를 떠나는 곳으로 만들었던 것이다. 그러면서도 우리는 이 지역을 이주할 곳으로 인식하기도 한다. 중동 이민의 경험 때문이다. 1970년대 유가 폭등이 계기가 된 석유 이민이 한국인들의 선택만은 아니었다. 걸프만 산유국이나 리비아, 그리고 요르단과 같은 나라들은 세계 어느 국가보다도 이주민이나 난민을 많이 수용했다. 이렇게 아랍 세계는 일반적인 경우와 달리 떠나는 이주와 들어오는 이주 모두 활발한 예외적인 사례인 것이다.

아랍 세계, 또는 중동 및 북아프리카는 전통적으로 유럽으로 노동이민을 떠나는 지역이었다. 이러한 흐름은 지금까지도 이어져 오고 있지만, 보다 최근에는 난민 현상이 이 지역의 이주 현상에서 중요한 비중을 차지하게 되었다. 난민은 지역 내부에서 발생한 경우와 인근 지역에서 발생한 경우로 나누어 볼 수 있다. 2015년 시리아 난민 문제가 대두된 이후 중동 및 북아프리카 지역은 유럽으로의 대량 이주로 인해 전 세계의 관심을 받았다. 그러나 이 지역은 또한 다른 지역에서 유럽으로 가는 주된 통로로서 역할을 하기도 한다. 즉 최근 분쟁의 중심지로 부상한 사헬 Sahel 지역, 아프리카의 뿔Horn of Africa로 불리는 북동부 아프리카 지역, 그리고 오랜 전쟁을 겪고 있는 중앙아시아의 아프가니스탄 등지로부터 난민이 몰려드는 것이다.

일반적 인식과 달리 역내 이민의 비중이 크다는 점도 강조되어야 한다. 이 지역에서 이주민을 많이 배출하는 곳은 팔레스타인, 시리아, 이집트, 모로코, 이라크 등 대개 내전이나 정치적 혼란을 겪는 국가들이다. 그런데 이곳으로부터 발생하는 이주민의 대다수는 그들이 선호하는, 또는 최종 목적지인 유럽이나 미국까지 가지 못하고 지역 내부로의 이동에 그치고 만다. 그만큼 중심부 국가들의 장벽이 공고한 것이다. 유럽 사회에 도움이 될 노동이민이 아닌 난민의 경우라면 장벽은 더욱 높아진다. 예를 들어 유엔난민기구UN High Comissioner for Refugees, UNHCR의 2016년 통계에 따르면, 시리아 내전과 이슬람 국가Islamic State of Iraq and the Levant, ISIL의 세력 확장으로 난민 문제가 세계의 이목을 끌었던 2015년의 경우 난민을 가장 많이 받아들인 나라는 튀르키예(250만)였고 파키스탄(160만), 레바논(110만), 이란(98만), 에티오피아(73만), 요르단(66만)이 그 뒤를 이었다. 대량 난민 발생 지역의 주변 국가들이 압도적으로 많은 수의 난민을 수용했던 것이다.

역내 이주는 매우 복잡한 양상을 띠고 있다. 먼저 이주에 대한 관념이 다소 희박하다. 아랍 세계는 여러 나라로 나뉘어 있지만 이 세계에 속한 이들은 같은 민족으로 여기는 경향이 있기 때문이다. 물론 과거, 적어도 나세르의 아랍민족주의가 주도할 때와는 달리 이 지역도 국가 간의 갈등이나 이질성이 커지기는 했지만 '형제의 나라'로 가는 이주는 자연스러운 일이고 이주민을 받아들이는 것을 어느 정도 의무라고 여기기도 한다. 또한 현실에서는 난민과 노동이민이 명확히 구분되지 않는다. 이는 물론 이 지역에 국한된 현상은 아니다. 예를 들어 걸프 지역으로 향하는 팔레스타인 이주민은 난민이면서 동시에 이주노동자다. 수용국과 송출국의 구분도 과거에 비해 덜 명확하다. 예전에는 대개 산유국은 이주민을 받아들이는 수용국, 비산유국은 이주민을 내보

내는 송출국으로 간주해도 무방했다. 그러나 수용국들이 이주민에 대한 규제를 강화하면서 과거의 송출국들이 이제는 이주민이나 경유 이주민을 수용하는 현상도 나타나고 있다(카슬, 밀러 2013, 282-283).

중동 및 북아프리카 지역의 이주는 몇 가지 유형으로 나누어볼 수 있다. 우선 전통적인 인구 이동의 유형이 있다. 이를 두 가지로 구분해 보면 첫째, 유목민, 상인, 순례자 등 전통적인 이동이 있다. 지중해 세계와 아시아를 잇는 지리적인 특성, 그리고 유목생활과 상업이 발달한 사회·경제적인 특성이 이 지역을 이주의 공간으로 만든 것이다. 둘째, 정치적인 배경에서 추진되었던 정착 이민이 있다. 다민족적인 제국이 존재했던 시대에는 통치술의 일환으로 추진된 인구 재배치 전략으로, 국민국가가 형성되던 시기에는 주류 민족의 이주를 장려하는 정책의 결과로 인구의 이동이 발생했다. 현대적인 이민에 국한해 보면 우선 유럽으로의 이주를 가장 먼저 떠올리게 된다. 주로 튀르키예와 북아프리카에서 지리적·역사적으로 가까운 독일, 프랑스 등지로 이주한다. 유럽 국가 내부의 사회문제의 하나로 제기되어 온 이민 문제의 중심에 바로 이 중동 및 북아프리카 출신 이주민이 있다. 유럽에는 아프리카나 아시아 출신 이주민도 많지만 유독 이 지역 출신 이주민이 논란의 대상이 되어 왔다.

산유국으로의 노동이민의 유형도 유럽으로의 이주 못지않게 중요하다. 여기에는 인근 지역에서 오는 역내 이주민과 남아시아, 동남아시아 등 외부 출신 이주민이 있다. 이 지역으로 많은 이주민을 보내는 인구 대국 이집트의 사례는 산유국으로의 이주가 발생한 배경을 잘 보여 준다. 1970년대 이전 나세르Gamal Abdel Nasser 정권 시절만 해도 국외 이주는 소수의 엘리트에 국한된 현상이었고 두뇌 유출을 우려한 정부가 이주를 제한하는 조치를 취하기도 했다. 그러다가 사다트Muhammad Anwar el-Sadat 정권 때 '인피타흐Infitah(개방)'라는 이름의 경제자유화 노선을 채택하게 된다. 또한 같은 시기에 오일붐oil boom 현상이 나타나면서 이집트인들의 역내 이주가 급격히 늘어나게 된다. 걸프 국가들과 이라크, 리비아 등지로 대거 노동이민을 떠나게 된 것이다. 당시 어느 나라로 이주할지에 대한 결정은 이주민의 사회·경제적 지위에 좌우되는 경향이 있었다. 즉 농촌의 저소득층은 이주 비용이 적게 들고 지리적으로도 가까운 리비아를 선택하는 경향이 있었다. 시기적으로는 1970년대 중반까지 이러한 유형의 이주가 대세를 이루었다. 이 계층의 경우 걸프 지역까지 이주하기는 어려웠다. 이주 비용이 상대적으로 더 많이 들기 때문이었다. 걸프 지역까지 이주민을 보낼 수 있었던 가정 역시 이주를 선택할 만큼 경제적으로 어려웠지만, 리비아로 떠나는 이들보다는 경제적인 자원이나 네트워크적 자원의 사정이 조금은 나은 이들이었다.

역내 이주에도 변화가 일어났다. 1980년대부터 걸프만 산유국들은 아시아 출신자를 받아들이기 시작하였고 이러한 기조가 지금까지 이어지고 있다. 그 결과 종족적·문화적으로 가까운 아랍 출신 이주민의 수가 줄어드는 결과를 낳게 되고 이들의 원성을 사게 되었다. 여러 면에서 부담이 적은 아시아 이민 선호 현상은 이 지역의 유럽이라고 할 수 있는 이스라엘의 경우도 마찬가지다. 1987년 인티파다Intifada(민중 봉기) 발생 이후 이스라엘은 팔레스타인인의 고용을 줄이고 이를 동유럽이나 동남아 출신 노동자로 대체했다.

한편 최근 세계의 관심을 끌고 있는 난민은 이러한 기존 이주의 유형에 덧붙여진 새로운 경향이다. 이전에도 팔레스타인 분쟁이나 레바논 내전, 이란-이라크 전쟁 등으로 난민이 발생했고, 특히 팔레스타인 난민이 정치적·인도주의적인 관심을 끌었지만, 아랍의 봄 이후 대량으로 발생한 난민은 이들이 희망하는 목적지가 팔레스타인 난민과 달리 유럽이었다는 점에서 크게 부각된 측면이 있다.

2) 중동과 북아프리카의 차이점

한편 아랍 세계를 구성하는 두 지역인 중동과 북아프리카는 상이한 이주 패턴을 보여 왔다. 즉 중동 지역 중 이란, 튀르키예,

이스라엘을 제외한 아랍 국가 출신 이민자의 경우에는 60% 정도가 걸프만 산유국과 리비아로 향하고 유럽으로 가는 비율은 20%에 미치지 못한다. 이와 달리 북아프리카의 아랍 국가 출신 이주민은 절반가량이 유럽으로 떠난다.

코로나19 팬데믹 직전 중동 지역에는 3,500만 명 정도의 국제 이주민이 거주하고 있었다. 걸프 국가에는 아시아와 아프리카 여러 지역에서 오는 노동이민, 요르단이나 레바논에는 팔레스타인이나 시리아 출신 난민이 주를 이루었다. 걸프 국가들은 세계 전체 국제 이주민의 10% 정도를 수용하고 있다. 그중에서도 사우디아라비아는 국제 이주민 수가 세계 3위, 아랍에미리트는 6위에 이른다. 특히 이 지역 국가들은 전체 인구 중 이주민이 차지하는 비율이 50%를 넘는다. 아랍에미리트나 카타르는 80%에 이를 정도여서 주민 대다수가 다른 나라에서 온 사람들인 것이다. 게다가 실제 이주민의 수가 공식적인 통계 수치보다 크다는 점을 고려하면 걸프만 산유국은 전형적인 이주민의 나라인 것이다.[1]

아랍의 봄의 진원지였던 북아프리카의 경우를 보면, 2020년 기준 북아프리카 출신 이주민의 수가 1,230만 명으로 전체 국제 이주민의 4.4%를 차지했다. 이들 중 48%는 유럽에, 13%는 중동 지역에 거주하는 것으로 나타났다. 같은 시기 북아프리카 국가들에는 320만 명의 국제 이주민이 거주했다. 이 중 61%가 같은 북아프리카 국가나 사하라 이남 지역 출신자들이다. 그리고 전체의 49%는 난민 지위를 가지고 있거나 난민인정 심사가 진행 중인 비호 신청자asylum seeker로 추정된다(UN DESA 2021). 북아프리카 국가 중에서 프랑스 식민지였던 알제리, 튀니지, 모로코 출신 이주민은 대부분 프랑스로 이주한다. 프랑스로의 국제 이주의 역사를 보면 1차 세계대전 이후에 본격화된 남유럽, 동유럽 등지로부터의 이주가 소위 '제1차 이주의 물결'을 형성했다면, 북아프리카나 사하라 이남 아프리카 지역 출신 이주민의 대량 유입은 1955년부터 1974년까지 '제2차 이주의 물결' 시기에 나타났다. 지중해 남쪽 지역 정부들과 프랑스 정부 간의 노동이민 관련 협약 체결을 계기로 이주민이 대거 입국하게 된 것이다. 1970년대 중반 이후 장기불황과 탈산업화를 배경으로 노동력 수입이 중단되었지만, 아랍인, 무슬림, 또는 아프리카인의 유입이 바로 중단된 것은 아니었다. 먼저 이주한 노동자 가족의 합류가 대대적으로 진행되었고 오히려 이 시기에 통합의 문제가 본격화되었다(엄한진 2017). 이와 함께 이제 영구적으로 함께하게 된 이질적인 집단에 대한 반감이 일기 시작했고 반세기가 지난 지금까지도 이 거부의 분위기가 지속되고 있다.

3. 아랍의 봄 이후 이주

1) 아랍의 봄과 이주의 연관성

아랍 세계가 이주의 땅이었던 것처럼 이주는 아랍의 봄의 일부이기도 했다. 내전이 발발한 리비아를 떠나는 주민을 태운 길게 늘어진 차량 행렬, 이집트나 튀니지의 보호소에서 본국으로의 귀환을 기다리는 이주노동자, 튀니지나 사하라 이남 출신자를 싣고 지중해를 건너는 보트, 시위에 동참하기 위해 카이로로 귀환하는 이집트 출신 이주민이나 유학생의 모습이 혁명의 한 페이지를 장식했다.

이주가 혁명의 에피소드에 그친 것만은 아니었다. 먼저 양자 간에는 일련의 공통점이 있다. 우선 아랍의 봄을 이끌던 시위대와 이주를 떠나려는 사람은 별개의 존재가 아니다. 연령이나 사회경제적 지위가 유사한 이들에게 유럽으로의 이주를 꿈꾸는 것과 더 나은 사회를 꿈꾸는 것은 별개가 아니다. 아랍의 봄을 충족되지 않은 기대의 부산물이라고 한다면 동일한 상대적 박탈감이 개인적으로 해당 국가를 떠나는 선택을 이끌 수도 있는 것이다. 떠난다는 것은 본국에서 충족되지 못한 기대를 새로운 땅에서 실현시키려는 것으로 볼 수 있다. 그리고 2000년대 들어서, 또는 그 이전부터 새로운 세계로의 길이 점점 좁아진 것도 아랍의 봄이 이 시기에 발생한 것과 무관하지 않은 것이다. 또 다른 공통점도 있다. 우연일 수도 있겠지만 아랍의 봄이 전개된 주요 국가들, 즉 튀니지, 이집트, 시리아, 예멘은 흥미롭게도 이주민을 많이 내보 내는 나라들이었다. 아랍의 봄의 '제2의 물결'이 일었던 수단, 알 제리, 레바논 역시 마찬가지다. 반대의 경우도 있기는 하다. 석유 자원이 풍부한 리비아나 바레인은 떠나는 이주민보다 들어오는 이주민의 수가 월등히 많은 나라다.

차이점도 있다. 이주가 정치적인 저항의 대체재일 수 있지만, 이주가 그 주된 원인이었던 해당 국가의 경제 문제를 해결해 주 지는 못한다는 점이다. 예를 들어 떠나는 이보다 더 많은 이들이 고용시장의 문을 두드리기 때문에 이주로 실업 문제가 크게 완 화되지는 않는다. 송금 역시 해당 가족의 경제 상황을 나아지게 할 수는 있지만 국가 전체의 지속적인 발전을 보장해 주지는 않 는다. 선진국에 이주민을 많이 보내 그들이 송금하는 외화로 발 전을 이룬 아랍 국가의 사례를 찾기는 어려운 것이다(Fargues & Fandrich 2012).

아랍 혁명과 이주 사이에는 한층 직접적인 연관성도 존재한 다. 저항운동이 대량 이주 현상을 초래한 것이다. 바레인, 이집 트, 시리아와 같이 정권이 민중의 요구를 받아들이지 않고 폭력적으로 대응할 때 국외로의 이주 현상이 나타났다. 역으로 이주가 저항운동에 영향을 미친 측면도 있다. 혁명 초기 튀니지, 이집트, 리비아의 경우와 같이 기존 정권이 무너질 때 민주화 과정에 동참하기 위해 본국으로 귀환하는 현상이 나타났다. 이주민과 그 후예들도 국외에서 또는 사이버 공간에서 아랍의 봄에 참여했으며 역으로 민중 봉기의 주체들이 본국 안팎을 드나들며 혁명을 수행하기도 했다. 유럽에서의 정치적 경험이 본국 정치에 활용되었으며 유럽 대도시가 혁명의 배후지 역할을 하기도 했다 (Beaugrand & Geisser 2021).

아랍의 봄은 아랍 세계의 전통적인 이주 경향에 변화를 낳기도 했다. 아랍 세계 외부로의 이주는 혁명 초기의 튀니지나 내전을 겪은 시리아의 사례를 제외하면 이전의 흐름을 유지하는 정도였지만 지역 내부에서는 시리아와 리비아 출신 난민과 양 국가에 거주하던 다른 국가 출신 이주민의 대다수가 주변의 다른 국가로 이주하게 되면서 전례 없이 많은 이주민을 수용해야 하는 새로운 상황을 맞이하게 된 것이다. 통계가 이 점을 잘 보여준다. 2005년과 2015년 사이에 중동에 체류하는 이주민의 수는 2,500만 명에서 5,400만 명으로 두 배 이상 늘어났다. 유엔난민기구의 자료에 따르면 2018년 아랍 세계 출신 난민 876만 명 중 아랍 지역으로 이주한 사람의 수가 250만 명으로 약 30%를 차지했다. 이는 유럽으로 이주한 126만 명의 2배에 이르는 수치다. 그 결과 2020년 현재 2억 6천만 명 수준인 중동 전체 인구 중에서 이주민이 차지하는 비율 역시 2005년 7%에서 2015년 13%로 크게 늘었다. 이 비율은 국제 이주민이 선호하는 유럽 국가들의 이주민 비율과 비슷한 수준이다(엄한진 2020, 84).

2) 대량 난민 현상

아랍의 봄과 그로 인해 촉발된 내전 초기만 해도 리비아, 시리아, 예멘 출신 난민의 문제는 유럽 등 국제 사회의 관심거리가 아니었다. 그러다가 2015년 이슬람 극단주의 세력인 ISIL의 등장으로 시리아 및 이라크의 상황이 악화하면서 난민의 행렬이 이어졌고 이들에 대한 수용을 둘러싼 논쟁이 전 세계의 관심을 끌었다. 그해 유럽으로 온 난민에 관한 통계를 보면, 100만 명 정도가 주로 지중해 등 해상을 통해 유럽으로 이주했다. 이 중 절반 정도인 56%가 시리아 출신이었고 2000년대 초반부터 내전이 지속되고 있는 아프가니스탄(24%), 이라크(10%) 출신이 그 뒤를 이었다. 그러다가 최근 들어 유럽에 오는 시리아 등 중동 출신 난민의 수가 급감했다. 이러한 변화의 주된 원인은 코로나19 사태와 시리아, 리비아 등의 상황 호전이다. 아랍의 봄이 촉발시킨 중동 및 북아프리카 출신 대량 난민 현상이 막을 내리고 있는 것이다.

그러나 북아프리카의 상황은 조금 다르다. 앞서 언급했듯이 리비아, 모로코 등 북아프리카 지역은 이주민을 발생시키는 곳임과 동시에 이주민의 경유지 역할도 한다. 2000년대 들어서 사하라 이남 출신 난민의 행렬이 늘어났고 아랍의 봄 직후의 시기에도 지중해를 건너는 이들은 예상과 달리 튀니지나 리비아 출신이 아니라 대부분 더 남쪽 지역에서 온 이들이었다. 정치적 격변과 내전 등으로 북아프리카 지역에서 국가의 통제가 약화된 틈을 타서 밀입국이 늘어난 측면도 있었다. 말리, 기니, 에리트레아, 소말리아, 수단, 이라크, 파키스탄, 아프가니스탄 등지에서 온 사람들이 목숨을 걸고 지중해를 건너는 것이다. 따라서 아랍의 봄이나 내전의 종식과 무관하게 아프리카의 빈곤과 폭력적 상황이 발생시키는 난민의 흐름은 지속되는 것이다.

리비아의 사례는 아랍의 봄과 그 부산물인 내전이 이주에 미친 영향을 잘 보여 준다. 리비아는 오랫동안 이주민이 찾는 나라였다. 산유국으로서 노동이민을 받아들였으며 지리적인 요인으로 인해 유럽으로 가려는 많은 이가 경유지로 삼는 곳이기도 했다. 그러다가 2011년 아랍의 봄의 여파로 내전이 발발하자 리비아에 체류하던 대부분의 이주민이 이 나라를 떠났다. 또한 공권력의 공백 상황에서 유럽으로 건너갈 수 있는 해안지대가 방치되자 밀항 관련 사업이 번성하였다. 국제이주기구International Organization for Migration, IOM에 따르면 리비아에 체류하며 유럽으로의 이주를 시도하는 이들의 수가 매년 60만 명이 넘는다. 이들의 국적은 나이지리아, 차드, 이집트, 수단, 니제르 등 인근 아프리카 국가들이다. 그런데 최근까지도 이어진 내전은 밀입국에 성공하지 못한 이들이 임시로 거주하는 난민수용소의 실태를 더욱 열악하게 만들었다. 리비아와 이 나라를 식민지배한 경험이 있는 이탈리아 간의 협력 차원에서 진행되는 해안경비대의 공동 수색 작업을 통해 난민 일부가 리비아의 난민수용소로 이송된다. 난민수용소는 유엔이 인정하는 트리폴리의 리비아통합정부 Government of National Accord, GNA나 여러 무장 세력에 의해 운영되는데 실태가 매우 열악한 것으로 알려져 있다. 구타와 고문, 성폭행이 빈번하게 행해지며 수감자들은 매우 열악한 위생조건 속에서 생활한다.

이주가 더 위험해진 것은 리비아와 이탈리아를 잇는 지중해 중부 경로에 국한된 현상이 아니다. 내전 상황 또는 불법 이주 과정에서 이주민들이 노예로 팔리거나 인질로 잡혀 몸값 흥정의 대상이 되기도 한다. 특히 동아프리카 지역에서 난민이 납치되는 사례가 많다. 2017년에서 2018년 사이에 다국적이주센터 Mixed Migration Centre, MMC에서 1만 1,150명의 난민을 대상으로 수행한 인터뷰조사 결과를 보면, 아프리카에서 유럽으로 향하는 경로에서 납치가 많이 이루어지며 특히 동아프리카 지역이 가장 위험한 것으로 나타났다. 동아프리카 지역을 통과하는 과정에서 난민의

15% 이상이 납치를 경험했다고 응답했다(엄한진 2019). '동부 회랑Eastern Corridor'을 통해 매년 10만 명 이상이 보트로 동아프리카에서 아라비아반도로 건너가며, 그중 대부분은 사우디아라비아로 가려는 에티오피아인들이다.

4. 코로나19 팬데믹 이후의 이주

1) 팬데믹이 이주에 미친 영향

사회의 다른 분야와 마찬가지로 이주 분야 역시 팬데믹으로 인해 심각한 타격을 입었다. 일자리와 소득 감소로 인해 본국으로 귀환하거나 추방되는 이주민의 모습은 코로나19 시대를 장식한 대표적인 이미지 중 하나일 것이다. 팬데믹 초기인 2000년 4월 수십만의 베네수엘라 이주민이 미국에서 고향으로 귀환하는 장면은 이후 세계 곳곳에서 반복되었다.

팬데믹은 이주민의 강제적·반강제적 귀환을 낳았을 뿐 아니라 들어오는 이주를 위축시키는 효과를 낳기도 했다. OECD의 2021년 「국제이주보고서Internation Migration Outlook 2021」에 따르면

2020년 OECD 회원국으로의 이주가 전년도보다 20%가 줄어든 370만 명에 그쳐 2003년 이후 가장 낮은 수준을 기록했다. 모든 이주의 유형에서 감소세를 보였는데 특히 가족 합류 이주가 가장 큰 폭의 하락세를 보였다고 한다.[2] 국가별로 차이가 있기도 했다. 미국의 경우에는 워낙 감염 상황이 심각한 데다 코로나19 팬데믹 초기가 마침 반이민 노선을 견지하고 있던 트럼프 집권기였기 때문에 이주 분야가 겪은 타격이 더욱 컸다. 미국 경제를 위해 필수불가결했던 농업 분야의 계절노동자 정도를 제외하고는 이주민의 유입이 전면 차단되었다. 일본과 한국 역시 공급이 크게 위축되었고 전형적인 이민의 나라인 캐나다와 호주 역시 절반 정도 입국자가 감소했다. 유럽 역시 그 정도는 아니지만 반토막났다는 얘기를 한다. 프랑스의 경우에는 코로나19 발생 초기 1년의 기간 동안 노동이민은 30%, 유학생은 20%가 줄었고 난민은 40%, 관광비자 발급은 80% 줄었다고 한다.[3]

이러한 상황은 우선 생존을 위해 이주를 선택해야 하는 이들에게 큰 타격을 의미한다. 그러나 국제 이주의 축소는 동시에 저출생 등으로 노동력 부족 문제를 겪고 있는 수용국에도 적지 않은 타격을 주었다. 예를 들어 인구 감소의 위험에 직면해 이민 국가로의 전환을 택한 바 있는 독일은 코로나19로 인해 10여 년 만에 처음으로 인구 감소를 경험하였다. 한편 우연한 결과이지만 코로나19로 인한 타격, 특히 치명률이 높았던 초기 국면에 확산세가 강했던 국가들은 상대적으로 이주민의 비율도 높았다. 유럽이나 미국의 경우가 이에 해당된다. 세계은행의 통계에 따르면 2021년 3월 1일 당시 코로나19 확진자 수 상위 8개국의 전체 인구 대비 이주민의 비율은 7%를 웃돌아 이주민 비율의 세계 전체 평균 3.6%의 두 배였다. 이 사실은 팬데믹이 국제 이주에 미친 영향의 정도를 짐작할 수 있게 한다.

아랍 세계 역시 이 지역에 고유한 방식으로 코로나19가 이주에 영향을 미쳤다. 2020년 1월 말 걸프 국가들에서 코로나19 감염 사례가 최초로 확인되었다. 이후 해당 지역의 다른 국가들에서도 확산이 시작되었고 여러 차례의 유행이 지나갔다. 코로나19 팬데믹과 이에 대한 대응으로 시도된 방역 조치가 아랍 국가들의 경제를 깊은 수렁에 빠트렸다. 그리고 이러한 양상은 산유국이나 비산유국, 또는 내전 등 위기 상태의 국가를 막론하고 유사하게 나타났다. 게다가 아랍 세계는 이 지역에 속한 대부분의 국가가 사회·경제적으로나 정치적으로 이미 위기를 겪고 있는 상황에서 팬데믹을 맞이하였고, 팬데믹 사태로 인해 지역경제의 핵심인 원유 가격이 하락함으로 인해 피해가 가중되었다.

코로나19 팬데믹은 또한 지정학적인 면에서도 변화를 가져왔다. 이 지역의 주요 행위자들인 이란, 러시아, 미국 등이 코로나19로 인해 심각한 타격을 입음으로써 지역 분쟁에 개입할 여력이 줄어들었다. 이로 인해 강대국의 개입이 크게 작용했던 이 지역의 전쟁이 소강상태를 보이는 긍정적인 변화도 있었지만, 소규모 무장 세력이 활동에 제약 없이 활동하게 되는 현상도 나타났다. 한편 코로나19 팬데믹에 대응하는 국가의 조치들은 포퓰리즘과 권위주의를 강화하는 경향이 있다. 또한 국민에 대한 감시를 강화하는 결과를 초래하기도 했다. 이러한 결과는 이제 민주화의 걸음마를 뗀 이 지역에 심각한 악재로 작용하게 된다.

아랍 지역에는 4,000만 명 정도의 이주민이 거주하고 있으며 3,000만 명 정도가 외국에 이주해 살고 있다. 코로나19 팬데믹과 그것의 경제적 영향은 이 지역에 거주하는 이주민이 팬데믹 이전부터 겪고 있던 문제를 더 악화시키는 결과를 낳았다. 팬데믹이 초래한 가장 직접적인 결과인 국가 간의 이동 제한은 사실 코로나19 팬데믹 이전부터 존재한 현상이다. 팬데믹이 이러한 경향을 일시적으로 심화시켰다고 보는 것이 더 정확한 설명일 것이다. 임금 체불, 폭력, 작업장 이동 제한, 열악한 노동 및 주거 조건 등 팬데믹을 계기로 재발견한 문제점들도 새로운 현상은 아니다.

중동 지역에 거주하는 이주민은 대부분 비공식 부문의 일자리를 가지고 있다. 이것이 이주민에 국한된 현상만은 아니다. 국가별로 차이가 있지만 이 지역은 전반적으로 비공식 부문의 비율이 높은 편이다. 그런데 코로나19 팬데믹이 가져온 일자리 감소 현상은 특히 비공식 부문 종사자들에게 더 큰 타격을 입혔다. 그렇지 않아도 경제적으로 열악한 상황에 처해 있는 이들이 코로나19

로 인한 피해도 더 크게 겪고 있는 것이다. 또한 코로나19 팬데믹과 유가 하락이 함께 작용하면서 이주민에게 악영향을 미쳤다. 이주민의 소득이 감소하면서 이주민으로부터의 송금이 감소하는 양상이 나타났고, 이것이 출신 국가의 경제에도 악영향을 미친 것이다. 이러한 양상은 지역 외부에 거주하는 아랍 출신 이주민의 경우에도 마찬가지였다. 공교롭게도 이번 코로나19 팬데믹이 미국, 영국, 독일, 프랑스 등 중동 및 북아프리카 출신 이주민이 많이 거주하는 선진국에서 확산세가 두드러진 점이 송금액 감소를 심화시킨 요인으로 작용했다. 코로나19 확산의 정도나 경제 상황, 환율 변동 등이 영향을 미쳐 이주민에 의한 송금이 팬데믹 초기에 급격히 줄어들었다. 이후 회복세를 보이고 있기는 하지만 여전히 코로나19 이전 수준을 회복하지 못한 것으로 나타났다.

이주민은 선주민에 비해 경제적으로 더 큰 피해를 입는 것만이 아니라 감염 자체에 있어서도 불리한 위치에 놓여 있다. 보건의료 서비스에의 접근성이 떨어지며 경제적인 사정이 좋지 못한 점이나 밀도가 높은 주거 조건이 이주민을 감염에 더 취약하게 만들었다. 실제 걸프 국가들의 코로나19 확진자 중 대다수가 이주민이었다. 높은 이주민 비율을 고려하더라도 선주민에 비해 상대적으로 높은 감염률을 나타냈다. 2020년 5월 사우디아라비아 보건부는 당시 자국에서 확인된 감염자의 75%가 이주민이었다고 발표했다.[4] 난민의 상황은 더 심각하다. 난민촌이나 도시 지역의 좁은 공간에서 다수가 비위생적이고 밀집된 상태로 거주하기 때문에 코로나19 감염 가능성이 더 높다. 시리아 북동부 지역에는 현재에도 300만 명이 넘는 사람이 난민촌에 거주하고 있다. 이러한 상황에서 쉽게 집단감염 현상이 나타나고 있다.

걸프 국가들이 채택하고 있는 '카팔라Kafala'라는 후견인 제도가 이주노동자를 더 위험한 상황으로 몰아넣는 역할을 하기도 한다. 이 제도는 후원자kafeel가 석유회사에 노동력을 알선해 주는 중개자 역할을 맡는 것을 말한다. 이는 걸프 국가에서 일하고자 하는 사람은 후원자를 필요로 한다는 것을 의미한다. 이 제도는 노동자의 권리가 후견인과의 계약에 크게 좌우된다는 문제점을 지닌다. 즉 이주민은 고용주의 허가 없이는 직장을 옮길 수 없고 이를 위반하면 감옥에 가거나 추방된다. 사우디아라비아에서는 심지어 본국으로의 귀환조차 후견인의 허가 없이는 불가능하다. 이러한 불합리한 구조로 인해 팬데믹 상황에서 이주민이 겪는 문제가 더 심각한 양상을 띠는 것이다.

2) 높아진 장벽과 반이민 경향

코로나19를 막기 위한 국경통제는 국제 이주에 대한 폐쇄적인 태도를 정당화하고 더욱 강화하는 매우 효과적인 수단으로 작용했다. 국제 이주민을 바이러스를 옮기는 주범으로 여기게 만드는 것도 통제를 강화하는 방법으로 활용되었다. 팬데믹 상황으로 인해 더욱 폐쇄적이 된 사회 분위기 속에서 이주민의 체류와 주류 사회 통합이 더욱 어려워진 것이다.

수용국의 이민 정책은 이러한 경향을 더욱 부추겼다. 팬데믹을 전후해 유럽에서는 강제추방이 이민 정책의 핵심으로 자리 잡았다. 들어오는 이주민을 보다 엄격한 기준을 적용해 차단하고, 동시에 기존 이주민의 추방은 최대한 쉽게 하는 식의 이주 정책이 채택되었다. 유사한 양상이 걸프만에서도 나타나고 있다. 6개 걸프협력회의Gulf Cooperation Council, GCC 회원국에는 3,500만 명의 이주노동자가 있으며 전체 국민의 절반이 이주민 출신이다. 그런데 10여 년 전부터 추진되고 있는 노동력의 '민족화' 정책이 코로나19 사태를 계기로 더 노골화되고 있다. 높은 이주민 비율을 줄이고 자국민의 고용을 늘리고자 하는 것이다. 예를 들어 2011년 초 사우디아라비아는 '니타카트 프로그램Nitaqat program'이라는 고용제도를 도입했다. 이 제도는 사우디 국민을 채용하는 사우디 기업에 인센티브를 제공하는 것이었다. 10인 이상의 모든 기업에 적용된 것으로, 이 제도의 대상이 되는 기업에서 일하는 노동자의 수가 630만 명에 이를 정도였다. 이후에는 직원 중 자국민이 차지하는 정도job saudization에 따라 기업을 4가지 유형으로 구분해 보상과 제재를 부여했다. 제재의 내용은 외국인의 신규 채용과 채용되어 있는 외국인의 비자 연장을 금지하는 것이었다. 보상은 외국인 신규 채용을 허용하고 사우디를 떠나는 노동자 2명당 1명의 신규 비자 발급을 제공하는 것 등이었다.[5] 이러한 조치의 배경을 보면, 이미 코로나19 이전부터 나타난 석유 부문의 침체가 열악한 민간기업의 일자리라도 자국민에게 주려는 경향을 낳았고, 그러면서 기존에 이 자리를 선점하고 있던 외국인 노동자가 쫓겨나게 된 것이다. 국가의 입장에서 보면, 석유 수입에 의존했던 국가가 유가 하락으로 기존의 복지 수준을 유지하지 못하게 됨에 따라 민간 부문 일자리를 자국민에게 더 많이 제공하는 식으로 통합과 사회적 평화를 유지하는 방식을 강구한 것으로 볼 수 있다. 그 결과는 일반적으로 이주민이 선주민의 일자리를 빼앗는다는 익숙한 편견과는 정반대 방향의 양상이었다. 배달 서비스와 같이 누구라도 쉽게 할 수 있는 분야의 노동력을 '오만화'하는 정책이나 교육, 의료 분야에서 자국민을 우선 채용하는 바레인의 법안, 그리고 전체 인구 480만 명의 70%에 달하는 이주배경 주민의 비율을 30%로 낮추기 위해 쿠웨이트 정부가 도입하는 자국민 우선 조치도 팬데믹을 빌미로 노동력 이동의 자연적인 흐름에 거스르는 시도다. 그리고 이러한 정부의 반이민적인 행보는 외국인에 대한 부정적인 인식을 강화하는 데 기여하고 있다.

아랍의 봄 이후 10년, 상당수의 아랍 청년은 여전히 이주를 생각한다. 저항의 경험과 정치적 불안정이 청년 세대의 이주 욕구를 부추기는 역할을 하기도 한다. 아랍의 봄을 낳은 배경이 곧 이주를 자극하는 요인이라는 시각에서 보면, 혁명의 가장 중요한 배경이었던 고용 문제가 나아지지 않은 상황에서 이주에 대한 열망은 줄어들지 않을 것이다.

역으로 코로나19는 국제 이주를 억제하는 역할을 하기도 했다. 물론 팬데믹은 일시적인 현상이고 다시 원점으로 회귀할 가능성이 높다. 그러나 팬데믹을 배경으로 작동한 폐쇄적이고 반인도주의적인 이주 정책은 포스트 코로나 시대에도 쉽게 사라지지 않을 것이다. 이러한 정책을 배경으로 더욱 멀어진 이주민과 선주민의 거리도 쉽게 좁히기는 어려울 것이다. 긍정적인 면을 찾아보자면 이번 팬데믹은 이주노동자가 해당 사회에서 중요한 역할을 수행한다는 점을 일깨워 주었고, 반면에 이들이 처한 조건은 그에 비할 수 없이 열악하다는 것을 환기시켜 주었다는 것이다.

인류 역사는 정치적인 격변이나 자연적인 재난이 이주의 주된 배경 중 하나였음을 보여 주었다. 이번에 아랍 세계가 경험한 두 가지 현상 역시 이주에 변화를 가져왔으며 그중 일부는 해당 현상이 사라진 이후에도 이주에 흔적을 남길 것이다.

주석

1   Omer Karasapan, "Pandemic highlights the vulnerability of migrant
    workers in the Middle East," *Brookings* (Sep 17, 2020). https://www.
    brookings.edu/blog/future-development/2020/09/17/pandemic-
    highlights-the-vulnerability-of-migrant-workers-in-the-middle-
    east/ (search: 2022.07.05.).

2   Médias de l'OCDE(Oct 28, 2021), "La Covid fait chuter les flux
    migratoires - Les mesures de relance doivent s'attaquer aux obstacles
    structurels à l'intégration des immigrés." https://www.oecd.org/
    fr/presse/la-covid-fait-chuter-les-flux-migratoires.htm (search:
    2022.07.05.).

3   Sylvie Kauffmann, "Au-delà de 2021, la pandémie continuera
    de bouleverser les flux migratoires," *Le Monde* (Mar 17, 2021).
    https://www.lemonde.fr/idees/article/2021/03/17/au-dela-
    de-2021-la-pandemie-continuera-de-bouleverser-les-flux-
    migratoires_6073390_3232.html (search: 2022.07.05.).

4   Portrail Sur Les Données Migratoires(Apr 01, 2022), "Données
    migratoires pertinentes pour la pandémie de la COVID-19." https://
    www.migrationdataportal.org/fr/themes/donnees-migratoires-
    pertinentes-pour-la-pandemie-de-la-covid-19 (search:
    2022.07.05.).

5   Huda Alsahi, "COVID-19 and the Intensification of the GCC Workforce Nationalization Policies," *Arab Reform Initiative* (Nov 10, 2020). https://www.arab-reform.net/publication/covid-19-and-the-intensification-of-the-gcc-workforce-nationalization-policies/ (search: 2022.07.05.).

참고자료

엄한진(2017), 『프랑스의 이민문제』, 서강대학교출판부.

_____(2019), 「중동의 아프리카화와 그 결과」, 『워커스』 2019-2.

_____(2020), 「예외주의에 갇힌 중동의 소수자 논의」, 『호모미그란
스』 23.

카슬, 스티븐, 마크 밀러(2013), 『이주의 시대』, 한국이민학회 역, 일조
각.

Beaugrand, C. & G. Vincent(2021), "The Role of Diasporas, Migrants,
and Exiles in the Arab Revolutions and Political Transitions,"
E. Aksaz & J.-F. Pérouse(eds.), *"Guests and Aliens": Re-
ConfiguringNew Mobilities in the Eastern Mediterranean After
2011 - with a special focus on Syrian refugees*, Istanbul: Institut
français d'études anatoliennes.

Fargues, P. & C. Fandrich(2012), Migration after the Arab Spring,
Migration Policy Center Research Report 2012/09.

UN DESA(2021), "World Social Report 2021."

2장

시리아 난민수용국, 레바논 사회의 동요

이경수
한국외국어대학교

시리아 난민수용국, 레바논 사회의 동요

1. 서론

2010년 북아프리카 튀니지에서 발생한 아랍의 봄 시위는 이집트를 거쳐 시리아로 전파되었다. 당시 기존 독재 정권 타파에 성공한 일부 국가들과 달리 시리아 아랍의 봄 시위는 결국 시리아 국민에게 봄을 가져다주지 못한 채 내전이라는 위기를 가져왔다. 내전 초반 폭격이 집중된 지역의 거주민들은 국내 다른 지역으로 이동해야 했고, 이 이동이 점차 인근 국가로 국경을 넘어 난민이 되는 인구가 많아지기 시작하면서 그 지역에서 다시 배를 타고 유럽으로 밀항을 시도하는 이들도 생겨났다. 당시 바닷가에서 시체로 발견된 아일란 쿠르디Aylan Kurdi의 사진이 국제적인 관심을 받으며 한국에서도 시리아 난민에 관한 관심이 생겨났다.

시리아의 난민 발생 현상은 이후 약 10년간 전 세계적으로 새로운 이주의 흐름과 난민의 성격을 만들어 갔다. 특히 유럽 지역에서는 2016년 독일 쾰른대성당에서 발생한 폭력사태 등 사회문제가 발생하자, 난민의 유입 이후 수용국 내 형성된 사회적 불안정, 위기감 등이 주요 쟁점으로 두드러졌다. 이러한 수용국 내 사회불안정은 국가 간 갈등을 불러일으킬 수 있어 안보적 위협으로 간주되기도 한다.

유럽의 경우 인종과 문화가 다른 민족의 유입으로 갈등이 발생할 가능성이 더 높으나, 중동 혹은 아랍 국가의 경우 역사와 언어, 그리고 문화를 어느 정도 공유하고 있는 시리아 난민이 유입됨으로써 초래하는 사회불안은 유럽의 경우보다 더 구체적인 이해가 필요하다. 이는 결국 다문화사회가 되어 가고 있는 우리나라에도 시사점을 제시해 줄 수 있을 것이다.

이 글은 역사적·문화적·정치적으로 시리아와 가장 깊은 연관이 있는 레바논을 예시로 중동 국가 내 유입된 시리아 난민의 현황 및 사회불안정의 원인을 짚어 보고자 한다.

2. 시리아 난민 현황

1) 2013년 이후 시리아 난민 발생 현황

내전이 시작되고 1년이 지난 2012년까지 내부 실향민들의 수가 약 200만 명으로 늘었으나, 해외로 피난한 누적 인구수는 72만 8,500명으로, 아프가니스탄(258만 5,600명)이나 소말리아(113만 6,100명)와 비교하여 국제적으로 주목받을 만한 수의 난민이 발생하지는 않았다(The Guardian n.d.). 해외로 이동한 시리아 난민의 숫자가 급격히 증가한 것은 2013년이며, 2014년에는 시리아 인구의 약 12%에 해당하는 286만 명이 넘는 난민이 발생했고, 이 중 약 110만 명이 레바논으로 유입되었는데 이는 총인구의 약 1/4에 해당하는 수이다(Refworld n.d.).

2016년 기준 시리아에서 인구 1,000명당 650명이 국내외에서 난민이 되었고, 이 비율은 아프가니스탄, 이라크, 남수단[1], 중앙아프리카공화국, 콜롬비아 등 위기를 겪고 있는 다른 국가들과 비교했을 때 상당히 큰 것으로 나타났다(UNHCR 2017, 13). 시리아 사태가 10년째 접어드는 2020년 통계자료에서도 시리아 국내외 이주민의 수는 2016년과 비교해 약간 더 증가한 약 1천

350만 명을 기록하며(UNHCR 2021a, 7) 큰 변화를 보이지 않는다.

2021년 시리아 바샤르 알아사드Bashar al-Assad 대통령이 재집권에 성공하고 정권이 정상화되는 추세를 보이면서 일부 시리아 난민을 수용하고 있는 국가들에서는 시리아인에게 귀국을 압박하거나 더 이상의 망명 신청을 거부하는 양상이 나타나고 있다. 이 양상은 다수의 난민을 수용하고 있는 인근국뿐만 아니라 유럽 국가들에서도 마찬가지로 나타났다. 덴마크와 같은 일부 국가들은 2019년부터 시리아가 안정되었다고 하며 시리아인을 강제 송환하려고 시도하기도 했는데, 유엔난민기구United Nations High Commissioner for Refugees, UNHCR는 시리아가 난민이 귀환하기에 아직 안전하지 않다고 판단해 이들 국가에 강제송환을 하지 않도록 경고하기도 했다.

실제 난민의 경우 알아사드 정권이 다시 들어선 시리아로의 귀환을 꺼리는 비율이 더 높다. 레바논과 요르단의 국가 취약성이 커지고 경제난이 심화되면서 국경봉쇄나 강제 출국 등의 정책을 통해 시리아인을 되돌려보내려는 시도가 최근 이어지자, 휴먼라이츠 와치Human Rights Watch, HRW는 귀환했던 이들의 인터뷰를 통해 아직 시리아는 귀환자들에게 안전하지 않다고 주장하며 정책의 위험성을 지적했다(HRW, Oct 21, 2021).

자발적으로 시리아로 복귀하는 난민의 수가 총 난민의 수와 비교해 상당히 적은 현상은 추후 장기적 추적조사 및 통계자료 분석이 필요한 사항이나, 현재 귀환하는 시리아 난민의 수 및 앞서 살펴본 정보로도 이 현상은 어느 정도 증명된다. UNHCR에 따르면 2016년에서 2021년 6월 사이 자발적으로 귀국한 난민은 28만 5,722명으로 2022년 기준 총 시리아 난민의 숫자에 비교해 보았을 때 약 5%에 해당하는 숫자로 상당히 적음을 알 수 있다 (UNHCR 2021b, 2).

이는 난민이 발생하기 시작한 2013년부터 조국을 떠난 시리아인 대부분이 길게는 약 10년간 해외에서 난민의 신세로 지내고 있으며 정치적 안정 이후에도 장기적으로 난민의 신분으로 해외에 체류할 가능성이 더 크다는 의미다.

2) 시리아인의 해외 강제이주 현황

2011년 시리아 독재 세습 정권인 알아사드 대통령의 하야를 요구하던 민중 시위는 튀니지나 이집트의 경우처럼 독재자의 퇴진으로 이어지지 못했다. 정부군은 시위대에 무력을 사용하기 시작했고, 결국 이에 맞서는 자유시리아군Free Syrian Army, FSA이 창설되면서 2011년 하반기부터 내전으로 비화되었다. 정부군은 반정부 세력이 중심이 된 이들립, 홈스 등 일부 지역은 주요 전장

이 되었고 시리아 인구의 약 절반 정도인 약 1,300만 명이 강제이주민forcibly displaced이 되어 국내외를 떠돌게 되었다(UNHCR 2022a).

시리아 난민은 2013년 이후 그 수의 증가폭이 컸으며, 이는 세계적인 난민과 실향민 숫자의 증가를 가져오기도 했다. 8,240만 명의 세계 강제이주민(2020년 기준) 중 해외로 이주한 난민 및 망명 신청자asylum seekers의 수는 약 2,660만 명으로, 이 중 시리아인의 비율이 약 25.6%이다(UNHCR n.d.).

UNHCR 관할하 주요 난민 유출국별 난민 수(2021년 중반 기준)

주요 국가명	UNHCR에 등록된 난민 수
시리아	680만 명
베네수엘라	410만 명
아프가니스탄	260만 명
남수단	220만 명
미얀마	110만 명

출처: UNHCR n.d.

이 많은 수의 난민은 주로 인근 국가로 건너가 정착을 시도했는데, 표에서와 같이 약 680만 명 중 유럽으로 건너간 약 100만 명을 제외한 이들은 튀르키예, 레바논, 요르단 순으로 유입되었다. 튀르키예의 경우 가장 많은 비율인 약 65.8%의 난민을 수용하고 있으며 레바논이 약 14.7%, 요르단이 11.8%의 난민을 수용하고 있다(UNHCR 2022b). 그리고 사회적·경제적·정치적 불안정으로 인해 난민들을 온전히 자력으로 감당할 수 없는 인근 국가들을 돕기 위해 국제 사회의 인도주의 구호 정책이 수립되었다.

특히 레바논의 경우, 2015년 당시 인구의 1/4에 해당하는 100만 명이 넘는 시리아 난민을 받아들였고, 면적과 인구 비례 가장 많은 난민을 수용하는 국가가 되었다.

인근 중동 국가 내 시리아 난민 수(2022년 기준)

주요 국가명	UNHCR에 등록된 난민 수
튀르키예	3,751,889(65.8%)
레바논	839,788(14.7%)
요르단	673,957(11.8%)
이라크	256,861(4.5%)
이집트	138,853(2.4%)
기타(북아프리카 지역, 2020년)	42,578(0.7%)
등록된 시리아 난민 총계	5,703,926

출처: UNHCR 2022b.

한편, 유럽 국가들과 튀르키예, 요르단, 레바논과 같은 국가들이 몰려드는 시리아 난민을 받아들이면서 국가적 위기를 감당하고 있을 때, 걸프협력회의Gulf Cooperation Council, GCC 회원국의 경우 난민수용에 대한 적극적 움직임에 나서지 않아 비난을 받았다. 이들 걸프 국가는 난민캠프를 설치해 자국 영토 내에 난민을 받아들이지는 않았으나 정식으로 입국하는 시리아인들을 제약 없이 받아들였고, 다른 수용국들의 난민캠프를 경제적으로 지원했으며, 내전 이전부터 거주하고 있던 시리아인들이 다시 자국으로 돌아갈 수 없는 경우를 고려한 유연한 이주정책을 통해 이들을 보호했다.

그러나 아랍 걸프 국가들은 물리적으로 인근 수용국들의 부담을 덜어 주지는 못했다. 이들이 타국에 비해 경제적으로 여유로움에도 난민을 받아들이지 않은 것은 극단주의 세력에 의한 테러 위협(특히 이란과 관계가 있는 시리아 정권을 고려했을 때)과 정치적 불안정, 인구 변동과 같은 복합적인 우려 때문이다. 그리고 이 위기는 아랍 걸프국에만 한정되지 않는다. 국가 발전이 더디고 인프라가 갖추어지지 못한 인근 아랍 국가의 경우, 내국인의 안보를 책임질 수 있는 체계적인 이주민 정책 수립조차 해결하기 어려운 취약한 상황에 놓여 있기 때문에 앞서 언급한 문제점들에 더욱 많이 노출될 수 있는 상황이었다.

이에 더해 난민은 법적 지위도 안정적으로 보장받지 못한다.

시리아 난민을 가장 많이 수용하고 있는 나라 중 요르단과 레바논은 1951년 유엔난민지위협약United Nations Convention on the Status of Refugees을 비준하지 않은 국가로, 시리아에서 넘어온 이주자들은 국제법상 난민의 지위를 인정받고 인도주의적 구호를 요청하는 데 있어 어려움을 겪고 있다. 이에 경제활동이 어렵거나 인도적 구호를 받을 수 없는 인구가 늘어나 결국 사회에 악영향을 미칠 수 있다. 2019년 급격히 진행된 레바논 경제 악화로 약 90% 이상의 난민이 극빈층에 속해 있으며 설상가상으로 레바논 자체 인구의 약 50%도 빈곤선 이하의 생활을 하고 있다. 레바논의 국내총생산Gross Domestic Product, GDP이 2020년 20.3%, 2021년 9.5% 감소했다는 점을 감안했을 때[2], 레바논 경제는 장기적으로 난민수용을 지속하는 경우 다면적인 한계에 직면할 가능성이 크다. 난민의 빈곤이 레바논의 경제 위기에 영향을 줄 수 있기 때문이다.

3) 시리아 난민 이주 이후 형성된 갈등

1993년 시리아와 레바논 양국이 맺은 '경제·사회적 협력 및 조정Economic and Social Cooperation and Coordination between Lebanon and Syria'을 위한 협정 덕분에 양국 간에는 물자와 사람의 이동이 자

유로웠다(Janmyr 2016, 12). 이는 시리아 내전 초기 강제이주민 다수가 국경을 쉽게 넘어 유입된 원인 중 하나이기도 하다. 이러한 자유로운 국경개방은 2014년까지 지속되었다.

국경을 통한 난민 유입이 급증하는 와중에 레바논 정부에서 난민캠프 설립을 거부하자, 결국 UNHCR은 자체적으로 시리아와 주요 국경이 맞닿아 있는 베카 계곡 지역에 비공식 난민캠프를 설치하기 시작했다. 이라크와 팔레스타인 난민이 공존하고 있는 레바논에는 이미 UNHCR을 포함한 UN 산하 기구 및 비정부 기구Non-Government Organization, NGO들이 이미 활동하고 있었기 때문에 이같은 신속한 대응이 가능했다(Carpi & Senoguz 2018, 130).

요르단이나 튀르키예처럼 초반부터 국가와 국제 구호단체의 협력으로 공식 난민캠프를 형성하지 않은 레바논의 시리아 난민은 주로 친척이나 지인들의 집에 머물면서(Carpi & Senoguz 2018, 129) 레바논 지역 사회로 자연스럽게 흡수되었다. 2012년부터 2013년까지 국제 비정부 기구들이 시리아 난민을 수용하는 레바논 가구에 일시적이나마 경제적 지원을 제공하면서 일부 레바논 집주인들은 지원을 받기 위해 집에 시리아 난민을 받아들이는 경우도 있었다(Carpi & Senoguz 2018, 130-131). 내전 이전에도 시리아인이 특정 계절에만 종사하는 직업이나 건설업 등 단기간 체류하는 경우가 있었기 때문에 위기 초반의 시리아 난민수용은 별다른 저항 없이 진행되었다.

그러나 이러한 상황은 곧 급변했다. 2013년부터 레바논 국내에서 전례 없는 다수의 폭탄테러가 발생하고 지역 내 정치갈등으로 민심이 분리되는 등 시리아 사태의 여파가 가시적으로 드러나면서 상황이 달라진 것이다. 지역적으로도 일자리 경쟁 및 빈곤층 증가 등 다양한 사회경제적 불안정이 발생하면서 시리아 난민의 존재는 손님에서 지역 내 안보적 불안요소로 바뀌었다.

시리아 내전은 레바논 내부의 종파적 분열을 일으키면서 사회적인 불안정을 가져왔다. 시리아 내전이 시작된 2011년 레바논 북부 트리폴리에서는 시리아 아사드 정권 지지 세력과 반정부군 지지 세력 간에 크고 작은 무력충돌이 지속적으로 일어났다. 이에 더해 2013년부터 시리아 내전에 쉬아파 정파인 헤즈볼라Hezbollah가 적극적으로 관여하기 시작하면서 시리아 정부군과 그 동맹인 헤즈볼라에 대항하는 순니파 무장 세력이 레바논으로 잠입하여 주로 헤즈볼라와 연관된 쉬아파 지역에 2013년 약 3건, 2014년 약 2건, 2015년에도 1건의 폭탄테러를 자행했다(Reuters, Aug 5, 2020).

이에 더해, 2014년 5월부터 2016년 10월까지 약 1년 반 동안 대통령직을 두고 종파 간 갈등이 심화했던 시기를 거치면서 레바논 사회는 더욱 불안정해졌고, 이러한 환경은 레바논인으로 하여금 점차 시리아 이주민에 대한 적대적 의식을 가지게 만들었다.

시리아 이주민의 취약한 지위도 이 불안정한 정세에 한몫했다. 이들은 교육, 신변안전, 보건, 그리고 생계 보장 등의 기본적인 존엄성과 권리를 보장받지 못했다. 국제구호기구 및 비정부기구의 활동은 일부 난민에게 인도주의적 구호를 받을 수 있는 제한적 기회를 열어 주었는데, UNHCR에 정식으로 등록된 난민[3]만이 국제 기구나 비정부 기구의 원조를 받을 수 있었다.

시리아인의 경제적 빈곤 상황은 레바논 사회에 부담으로 다가왔다. 레바논 정부는 시리아인이 온전히 레바논 사회 내에 정착하지 못하도록 경제활동에 제약을 두는 정책을 활용했다. UNHCR에 등록된 시리아 난민은 레바논 내에서 노동이 금지되기 때문에, 시리아인은 UNHCR에 등록하여 지원금을 받을지, 경제활동을 할지의 갈림길에 서게 되었다(Kikano, Fauveaud & Lizarralde 2021, 432). 특히 베이루트 같은 대도시보다 국경 지역의 가난한 시골에 정착한 시리아인에게 이 정책은 더욱 큰 문제가 되었다. 이들은 사회 계층별로 정착한 지역이 달랐는데, 특히 빈곤층이 많은 국경 근처 시골 마을의 경우 초반에 난민을 잘 받아 주었던 이들이 점차 시리아인을 경제적 경쟁자로 인식하면서 여러 갈등 상황이 일어나게 되었다.

저임금 직업과 같이 한정된 업무 조건과 국가, 지역경제의 압박 아래에서 시리아인과 경쟁해야 하는 레바논인은 이들 난민을 점차 부정적으로 보게 되었다(Ceyhun 2020, 7). 더 많은 시리아인이 직업시장에 뛰어들어 더 낮은 임금을 제시함과 동시에, 실업률과 물가, 그리고 임대료 등이 오르기 시작하면서[4], 특히 레바논에서 가장 가난한 지역인 북부 레바논이나 아카르 지역에서는 시리아인에 대한 적대심이 두드러지게 증폭되었다(Ceyhun 2020, 7).

이러한 갈등은 2014년부터 가시적으로 드러났다. 45군데가 넘는 지방자치단체에서 해당 지역에 거주하는 시리아인을 대상으로 통금 시간을 결정한 것이다(El Helou 2014). 레바논 정부가 난민이 유입되던 초반 이들에 대한 법적 통제를 하지 않았기 때문에 사회안보 차원의 통제권이 자연스럽게 지방정부로 이동한 것이다. 일반적으로 통금은 지방의회에서 제정되기도 하고 시장급 인물이 단독으로 결정하기도 한다(El Helou 2014). 플래카드나 동네의 확성기 등으로 전달되는 통금 공지에서는 시리아인을 직접적으로 지칭하지 않고 '외국인', 혹은 '외국인 노동자'처럼 우회적으로 표현하여 가능한 충돌을 피하고자 하는 모습을 보였다.

공식적으로 인정되지 않는 레바논 내 시리아 이주민의 불분명한 사회적 지위는 결국 레바논 국민의 불안감을 형성하게 되었다. 여기에는 레바논 나름의 역사, 사회, 그리고 정치적 요인이 있지만 그중에서도 대규모 난민 유입 초반 UNHCR을 포함한 국제 기구와 협력하여 적극적으로 난민 유입 정책을 세우지 않았던 레바논 정부의 탓이 크다고 할 수 있다.

3. 레바논의 대對시리아 난민 정책

1) 난민 유입 초기 레바논 정부의 무정책

시리아 난민 유입 초기 레바논 정부는 어떠한 대응도 하지 않았다. 이를 '분리disassociation' 정책(Janmyr 2016, 60) 혹은 '무정책 no-policy' 정책(El Mufti 2014, 1)으로 일컫는데, 이 당시 시리아와 레바논 간 자유롭게 통행이 가능했던 국경에 대해 통제가 이루어지지 않았고 국내에서도 난민을 위한 정책이 전혀 시행되지 않았다.

난민 발생 시 선진국이 아닌 난민수용국은 많은 경우 국제 사회 및 비정부 기구에서 원조를 받고 난민 구호에 대한 책임은 난민에게 돌리려는 방편으로 난민캠프 건설을 추진한다. 그러나 레바논은 난민 유입 초반부터 난민캠프 설치를 거부했을 뿐만 아니라 국경에서도 시리아인의 출입국에 대해 아무런 규제도 가하지 않은 채 시리아 난민 문제에 철저히 거리를 둔 태도를 취했다.

국제법상 레바논은 1951년 유엔난민지위협약을 비준하지 않았기 때문에 국내로 유입된 난민의 합법적 인정 거부가 가능한 상황이다. 레바논 정부는 시리아에서 유입된 강제이주민들에 대해서 '법적으로 보호해야 할 취약계층'이 아닌 (곧 돌아갈) '이웃 국가에서 온 손님guest'으로 취급하며(Chatty 2017, 337), '난민 refugee'으로 공식적인 인정을 하지 않고 있다. 이는 장기전이 될 수도 있는 난민에 대한 부담을 애초에 지지 않으려는 태도로, 레바논처럼 난민협약을 비준하지 않은 요르단과 1967년 난민의정서에 가입하지 않은 튀르키예의 경우도 마찬가지로 시리아 이주민을 난민이 아닌 손님으로 취급하고 있다.

레바논 정부는 시리아 이주민의 장기체류를 인정하려 하지 않았기 때문에, 자체적으로 이들에 대한 정책을 내지 않음과 동시에 UNHCR과 같은 국제적 행위자로 하여금 레바논 내 난민의 지위를 전적으로 관리하지도 못하게 했다.

2003년 레바논 정부는 이라크 난민 발생 당시 '특정 경우에 한해 망명 신청자를 등록하고 난민 지위 결정을 실행하는 것을 허용'하는 내용의 양해각서Memorandum Of Understanding, MOU를 UNHCR과 체결한 바 있으나, 그 내용을 두고 양측 간 해석에 차이가 있었기 때문에(Janmyr 2016, 63) 시리아 난민이 대규모 유입되었을 때 MOU는 효력을 발휘하지 못했다. 레바논 정부는 시리아 난민 보호를 위해 UNHCR이 제안한 1951 난민협약 가입이나 2003년 MOU 내용 갱신 모두를 거부하며 UNHCR에 시리아 난민에 대한 공식적인 관리 권한을 위임하지 않았다(Janmyr 2016, 63-64). 이후 체결한 시리아 난민의 지위에 대한 UN과의 공동 정책인 레바논 위기 대응 계획Lebanon Crisis Response Plan, LCRP에서 레바논 정부는 "레바논은 재정착지는커녕 망명지도 아니고 난민의 최종 목적지도 아니다"라고 하며 시리아 난민의 정착을 불허할 것이라는 의지를 확실히 표명하였다 (Janmyr 2017, 440).

2) 2015년 이후 개정된 시리아인 입국 관련 법령

대다수의 시리아 난민이 국가의 통제 밖에 존재하게 되면서 이들에 대한 책임은 고스란히 이들이 거주하는 지역으로 돌아갔다. 국가적으로도 급격히 증가하는 난민의 숫자를 감당할 수 없었던 레바논 정부는 시리아 이주민들의 난민 지위를 인정해 국가적인 차원에서 통제하는 대신, 추가 입국하는 이들과 국내 거주 시리아인의 거주비자 조건을 강화하면서 그 수를 줄이려 노력했다.

레바논 정부는 2013년부터 국경 출입에 제한을 가하기 시작했다. 2013년에는 시리아에서 들어오는 팔레스타인 난민의 입국만을 제지했으며 그 후에는 시리아-레바논 간 국경 인접 지역 주민이 아닌 이들의 유입을 제한하기 시작했다.

2014년 10월 레바논 내각회의는 시리아 이주민displaced에 관한 정책 조항을 승인했다. 이 정책의 우선적인 목표는 예외적인 사례를 제외한 시리아인의 입국을 제한하고 UNHCR의 난민 신규등록을 중지하여 추가 인원에 대한 지원을 중단함으로써 이주민의 수를 줄이는 것이다(레바논 내각 2014).

2014년 12월 위의 시리아 이주 정책Syrian Displacement Policy의 연장선상에서 레바논 보안국General Security은 2015년부터 자유로운 입국과 추가 비용 없는 1년 체류를 인정했던 시리아인에 대한 체류 자격을 변경하여 매년 미화 200달러와 서류를 구비해야 체류를 갱신할 수 있도록 변경했다(레바논 보안국 n.d.). 특히 관광 비자의 경우, 2주 이상의 기간을 갱신할 수 없고, 육로 국경이 아닌 공항이나 항구를 통한 입국은 체류 기간을 48시간으로 제한하는 조항을 추가하여 부동산, 상업, 혹은 학업 등 분명한 목적이 없는 체류를 제한하였다(레바논 보안국 n.d.). 2015년 이후 합법적인 절차를 밟지 않은 채 레바논에 들어온 시리아인은 '불법' 체류자로 간주돼 제한적인 법적 지위만 인정받으며, 적발되었을 경우 구금되거나 시리아로 강제송환되었다.

이에 더해 보안국은 UNHCR에 난민으로 등록된 여성과 어린이에게만 거주 허가를 무상으로 내주고, 15세 이상 남성에게는 노동하지 않겠다는 각서를 받았다. 난민으로 등록되지 않은 경우, 레바논인 후원자의 신분보장을 통해 거주를 허가받는 카팔라Kafala 시스템을 이용하여 레바논 대리인 증명서를 요구했는데,

200달러라는 큰 금액을 준비하고 필요한 서류를 만들기 위해 시리아 국경을 넘는 것은 사실상 불가능한 일이다.

결국, 현실적으로는 이러한 간접적인 압박을 통해 시리아 난민을 되돌려 보낸다는 것이 레바논 정부와 안보국의 계획이었으나, 다수의 시리아인은 어떻게든 레바논에 남았다. 2015년 이후 70%의 시리아 난민은 유효한 법적 체류를 할 수 없는 상황에 처해 있다(Janmyr 2016, 71-72).

난민의 상황을 분석하고 합당한 인도적 조치를 취하기보다 다수의 시리아 난민을 불법체류자로 만들어 국내 시리아 난민의 숫자를 줄이려는 레바논 정부의 정책은 앞선 자료의 수치를 보면 알 수 있듯이 결국 난민의 유의미한 감소 효과를 보지 못했다.

4. 레바논의 시리아 난민 분리정책 배경

레바논이 시리아 사태 이후 자신의 의사에 반해 이주민이 된 시리아인을 레바논 국경 내의 정식 난민으로 인정하지 않은 데는 여러 원인이 존재한다. 법적으로 보자면, 1926년 제정(1990년 수정)된 레바논 헌법은 어떠한 형태든 외국인의 영구적인 정착을

금하고 있으며, 시리아 난민의 지위에 대한 UN과의 협력 대응책인 레바논 위기 대응 계획Lebanon Crisis Response Plan에 따라 외국인의 영구적인 정착을 인정하지 않는다(Janmyr 2017, 440).

난민의 지위를 인정하지 않는 사회 내부적 원인으로는 레바논의 종파별 권력안배주의confessionalism를 기반으로 한 기독교, 순니 이슬람, 그리고 쉬아 이슬람 등 세 종교 간 세력 균형 유지를 들 수 있으며, 사회 외부적 원인으로는 과거 1948년부터 1970년까지 유입된 팔레스타인 난민으로 인한 종파 간 균형 붕괴를 들 수 있다. 내부적 원인은 레바논이 지속적으로 겪고 있는 갈등이고, 외부적 원인은 이 내부적 원인이 무너지면서 오랜 시간 이어진 내전이라고도 할 수 있다.

레바논은 국가 형성 초기부터 지금까지 종파별 권력안배주의를 고수하고 있는 국가로, 순니 이슬람, 쉬아 이슬람, 그리고 마론파 기독교가 정치적·사회적으로 균형을 이루며 유지되고 있다. 어느 한쪽의 세력 확장을 막기 위해 정부의 최고직인 대통령, 국무총리, 그리고 국회의장을 각각 기독교, 순니파, 그리고 쉬아파에서 차지하고, 그 외의 정부 요직 또한 협의에 따른 종파 간 분배로 임명될 정도로 레바논인은 정권 내 균형을 유지하려 노력하고 있다. 그러나 이 균형은 결국 이익과 권력을 고수하려는 집단 간에 극단적 분열을 낳으며, 이 분열은 난민과 같은 외부 요인의 등장으로 인해 극심해진다(Ceyhun 2020, 9).

종파 간의 민감한 균형을 무너뜨린 첫 사건은 바로 1948년 이스라엘 건국 시기부터 시작되어 1970년 요르단의 검은 9월 전쟁 이후까지 이어진 팔레스타인 난민의 유입이다. 이 당시 약 50만 명의 팔레스타인 난민이 레바논으로 밀려왔으며, 후반에는 유엔난민구제사업국United Nations Relief and Works Agency for Palestine Refugees in the Near East, UNRWA과 레바논 내무부가 함께 난민 등록을 받아 이들을 관리했다(El Daif, Shuayb & Maalouf 2021, 25).

대부분이 순니파 무슬림인 팔레스타인 난민의 레바논 정착은 쉬아파 무슬림과 기독교인의 반대에 직면했으며, 특히 기독교인에게는 국가의 근간을 흔드는 위협으로 간주되기도 하였다(Ceyhun 2020, 9-10). 결국, 팔레스타인 난민 유입으로 인한 레바논 종파 간 불안정은 결국 팔레스타인 게릴라와 기독교인 간의 갈등을 유발하고 결국 1975년 내전으로 이어지게 되었다.

레바논은 지금까지 약 40만 명의 팔레스타인 이주민을 난민으로 인정하고, 난민촌 형성을 허용하여 공존하고 있기는 하나, 이로 인해 더 많은 외국인을 언제 돌아간다는 기약도 없이 받아들여야 하는 상황이 닥치자 레바논 정부는 상당히 민감하게 반응하기 시작했다.

레바논 국내에 거주하는 팔레스타인 난민은 레바논 영토 내에서 기본적인 권리를 공식적으로 인정받지 못한 채 살아가고 있으며, 오직 UNRWA에 등록된 사람들만 보건, 교육, 보호 등 기본적인 인권 보장 서비스를 받을 수 있다(El Daif, Shuayb & Maalouf 2021, 26).

2003년 이라크 전쟁이 시작되면서 약 4만 명의 이라크 난민이 시리아를 통해 입국했을 때도 레바논 정부는 이들의 난민권리를 보장해 주려 하지 않았다. 이 당시에는 UNHCR이 레바논 보안국과 양해각서를 체결하고 이라크인 망명 신청자가 임시로 머물 수 있게 조처를 취했다.

시리아 난민의 유입 당시 레바논 정부는 이라크 난민 유입 당시와 동일한 태도를 취하며 '영구 정착하는 외국인'을 받지 않겠다는 의사를 분명히 표명하였다. 이에 더해 사회 내에서도 시리아 난민의 레바논 정착에 대해 기독교인과 쉬아 무슬림은 강력하게 반대했다.

시리아 난민 유입 초기 외교부 장관이었던 지브란 바실Gebran Bassil은 그의 마론파 기독교적 성향을 명확히 드러내며 "시리아인은 레바논에서 추방되어야 한다"(Kikano, Fauveaud & Lizarralde 2021, 430)고 주장했으며, 쉬아파 정파인 헤즈볼라는 시리아인이 난민으로 인정받아 팔레스타인인처럼 난민캠프를 형성할 경우, 테러리스트가 섞여 들어올 수 있다고 주장하며 난민캠프 건설을 반대하기도 했다. 이는 1970년대 팔레스타인 난민이 유입되었을 당시 이들에 대항하는 프로파간다를 내세우고 민병대를 모집했던 카타이브Kataeb당의 바쉬르 제마엘Bashir

Gemayel의 연설을 상기시켰다. 일부 레바논인들은 과거의 역사가 반복될 수 있다는 위기의식을 갖기 시작했다.

헤즈볼라의 주장은 앞에서 언급한 2013년에서 2015년까지 집중적으로 일어났던 테러 사건을 기억하면 그 위험성을 가늠할 수 있다. 물론 일부 원인은 시리아 내전에 참여한 헤즈볼라가 제공했기에, 이들이 전쟁에 참여하지 않았다면 어느 정도 방지할 수 있는 상황이었으나, 국경지대에서도 전투가 이루어지는 것을 감안한다면 난민 발생 초기와 같은 국경 개방은 테러 조직의 유입 가능성을 높일 수 있으므로 장기적으로 레바논 안보를 염두에 둔다면 간과할 수 없는 사안이다.

한편 레바논과 시리아의 역사·정치적 관계를 살펴보면 종파주의 외에도 레바논 정치파벌의 이합집산이 시리아 난민 수용에 대한 입장 차이를 심화시킨다는 사실이 확연히 드러난다. 2005년 전후 평화 유지 목적으로 레바논 영토에 주둔했던 시리아군이 철수한[5] 이후 레바논 국내 정세는 친시리아와 반시리아로 양분화되었다. 알아사드 정권이 정상화되면서 친시리아 성향의 헤즈볼라는 난민 귀환에 대해 적극적으로 협조하여 난민을 강제귀환시키려는 움직임을 보인 반면, 반대 성향의 정권은 시리아 난민이 귀환하게 되면 국제 사회의 지원을 받을 수 없기에 국제 기구의 중재를 요구하며 난민 귀환과 관련한 시리아 정부와의 직접적인 협상을 거부하고 있는 상황이다.

한편, 경제적인 측면에서 시리아 내전은 레바논 경제와 레바논 내 시리아 난민의 삶에 직접적인 영향을 미쳤다. 일반적으로 레바논인이 종사하려 하지 않는 직종에도 상대적으로 임금이 낮은 시리아 노동력이 유입되자, 레바논인은 경각심을 가지게 되었다. 특히 시리아 인근 지역의 경우 시리아 노동력을 저렴하게 쓰려는 레바논 고용주들이 임금을 60% 정도 삭감하기도 해(van Vilet 2017, 97), 레바논인 노동자에게 불리한 여건을 조성하기도 했다.

5. 결론

시리아 내전 발생 초기, 다수의 난민이 유입되는 데도 불구하고 레바논 정부는 국제적으로나 국내적으로 민감한 이 사안에 대해 공식적인 대응을 하지 않았다. 즉 이들을 다른 나라로 피난 온 난민refugee, lāji²라고 지칭하지 않고 국내 실향민internally displaced person, nāzih으로 규정했다.

또한 1951년 난민협약과 1967년 난민 지위에 관한 의정서 체약국이 아닌 레바논은 시리아 이주자를 난민으로 공식적으로 인정하지 않았으며, 이에 따라 레바논 영토 내에 재정착 혹은 영구 정착하게 두려고 하지 않았다. 이에 더해, 인근국인 요르단이나 튀르키예와 달리 난민캠프 설치 또한 강하게 거부했다. 일부 시리아인에게 이러한 정책은 시리아 이주자가 거주지 선택의 자율권을 원하거나, 따로 일자리가 있다거나, 혹은 신분을 숨겨야 하는 경우에는 유리하게 작용했을지 모른다. 그러나 다른 한편으로는 다양한 경제적 계층에 속하는 이들이 모두 레바논인이 거주하는 지역으로 스며들게 되면서(Chatty 2017, 337) 특히 빈곤한 지역에 빈곤한 난민이 유입되는 경우 해당 지역 및 국가의 경제 상황에 악영향을 미치게 되었다.

이러한 어려운 경제상황에서 자원과 일자리 등을 나누어 가져야 하는 레바논인은 —아마 속한 계층마다 다르겠지만— 유입된 시리아인들로 인해 자신들에게 안전하고 안정된 삶이 보장되지 않는다고 여기게 된다. 그리고 이러한 불안정성이 같은 지역에 거주하는 시리아 난민에 대한 반감으로 바뀌기도 하는 것이다.

앞서 살펴본 바와 같이 레바논의 시리아 난민 대응 정책은 그 내부적 불안정서와 국가의 정치적·종교적·경제적 상황에 기인한 것으로, 국제적인 시각에서 무조건적인 비난을 하기에는 레바논이라는 취약 국가가 가지는 한계를 고려할 필요가 있다. 물론 현재 레바논이 국제 기구 및 비정부 기구의 원조를 통해 난민을 위한 사회보장 제도나 교육 제도 등을 정비하고 실행시켜 나가고

있으나, 가장 중요한 것은 대규모 난민에 대응할 수 있는 국제 사
회의 원조 체계 수립이라고 할 수 있다.

주석

1   당시 남수단이 두 번째로 큰 강제 실향민 수를 기록했는데 그 수가 404
만 8,612명으로 집계되었다(UNHCR 2017, 7).

2   이 글은 경제적 배경에서 코로나19의 직접적인 영향력은 고려하지 않
고 있다.

3   인근 국가 국경을 통해 밀입국한 경우 대부분은 UNHCR에 등록하지
않는데, 이들은 대부분 시리아 정부에서 반정부 세력으로 분류되는 이
들로, 명단의 유출 등의 위험을 피하려는 경향이 있다(2013년 레바논
UNHCR 시리아 담당자와의 인터뷰).

4   시리아 난민 유입과 레바논인 실업률 증가 간에 직접적인 관계는 없으
나, 레바논인의 경제 상황에 대한 인식이 시리아 난민 유입과 맞물리
면서 난민에 대한 반감을 설명하는 주요 원인이 되곤 한다.

5   1975년에서 1990년까지 약 15년간 지속된 레바논 내전은 시리아가 레
바논 내정에 직접적으로 관여하는 계기가 되었고 평화를 유지한다는
명목으로 내전이 끝난 후에도 군대를 주둔시켰다.

레바논 내각(아랍어, Oct 23, 2014), 「2014년 10월 23일 회의」. http://
www.pcm.gov.lb/arabic/subpg.aspx?pageid=6118 (search:
2022.07.05.).

레바논 보안국(아랍어, n.d.). 「시리아인 입국 및 체류 조건」. https://
www.general-security.gov.lb/ar/posts/33 (search: 2022.
07.05.).

Carpi, E. & H. P. Senoguz(2018), "Refugee hospitality in Lebanon
and Turkey. On making 'the other,'" *International Migration*,
57(2), 126-142.

Ceyhun, H. E.(2020), "Determinants of public attitudes towards
immigrants: Evidence from Arab Barometer," *Refugee Survey
Quarterly*, 0, 1-22.

Chatty, D.(2017). "How Syria's neighbors have treated its refugees,"
Current History, 116(794), 337-341.

El Daif, C., M. Shuayb & M. Maalouf(2021), "The vulnerability of
refugees amid Lebanese law and the humanitarian policies,"
Center for Lebanese Studies.

El Helou, M.(2014), "Refugees under curfew: The war of Lebanese

Municipalities Against the poor," The Legal Agenda.

El Mufti, K.(2014), "Official response to the Syrian refugee crisis in Lebanon, the disastrous policy of no-policy," Civil Society Knowledge Center.

Human Rights Watch(2021), "'Our lives are like death' Syrian refugee returns from Lebanon and Jordan."

Janmyr, M.(2016), "Precarity in exile: The legal status of Syrian refugees in Lebanon," *Refugee Survey Quarterly*, 35, 58-78.

_____(2017), "No country of asylum: 'Legitimizing' Lebanon's rejection of the 1951 refugee convention," *International Journal of Refugee Law*, 29(3), 438-465.

Refworld(n.d.), "Position Paper on Refugees from Syria 2014." https://www.refworld.org/docid/56fccc234.html (search: 2022.07.05.).

Reuters, "Timeline of blasts in Lebanon"(2020.08.05.). https://www.reuters.com/article/us-lebanon-security-blast-timeline-idUSKCN2502JN (search: 2022.07.05.).

The Guardian(n.d.), "UNHCR 2012 refugee statistics: Full data." https://www.theguardian.com/news/datablog/2013/jun/19/refugees-unhcr-statistics-data#data (search: 2022.07.05.).

UNHCR(2017), "Global trends. Forced displacement in 2016." https://www.unhcr.org/globaltrends2016/#:~:text=By%20the%20end%20of%202016,remained%20at%20a%20record%20 high (search: 2022.07.05.).

_____(2021a), "Global trends. Forced displacement in 2020." https://www.unhcr.org/60b638e37/unhcr-global-trends-2020 (search: 2022.07.05.).

_____(2021b), "Registered Syrian refugees in Host countries." https://reliefweb.int/sites/reliefweb.int/files/resources/dur_sol_ june2021.pdf (search: 2022.07.05.).

_____(2022a), "Eleven years on, mounting challenges push many displaced Syrians to the brink." https://www.unhcr.org/ news/briefing/2022/3/623055174/eleven-years-mounting- challenges-push-displaced-syrians-brink.html (search: 2022.07.05.).

_____(2022b), "Syrian regional refugee response." https://data2. unhcr.org/en/situations/syria (search: 2022.07.05.).

_____(n.d.), "Refugee data finder." https://www.unhcr.org/ refugee-statistics/ (search: 2022.07.05.).

van Vilet, S.(2016), "Syrian refugees in Lebanon. Coping with unpreceded challenges," *Lebanon and the Arab upsprings: In the eye of the hurricane*, M. Felsch & Wahlisoh(eds.), New York: Routledge, 89-103.

3장

시리아 난민과
내부자적 시선

김수완
한국외국어대학교

시리아 난민과 내부자적 시선

1. 서론

난민은 우리에게 어떻게 다가오는가? '난민의 불안'에 대한 희박한 공감도와 '난민에 대한 불안'의 과도한 폭발 사이의 아득한 격차는 우리의 불안을 더욱 부추긴다.

2018년 봄 제주도에 입국해 난민 신청을 한 480여 명의 예멘인은 한국이 난민 문제와 동떨어진 나라가 아님을 실감하게 했다. 362명에 대한 '인도적 체류허가' 결정이 내려진 후에도 이 사안에 대한 논란의 여지는 여전히 한국 사회에 존재한다.

난민 문제에 대한 정치적 갈등과 반(反)난민 정서는 난민에 대한 특정한 이미지화와 함께 진행된다. 21세기 들어 심각해지고 있는 난민 사태와 관련하여, 대다수 난민이 겪고 있는 일상적인 고통과 어려움은 뉴스거리가 되지 않는 반면, 그들 중 일부가 행하는 범죄적 행동은 커다란 뉴스거리가 된다. 이 불균등한 정보 노출을 통해서, 또는 정보에 대한 불균등한 주의와 관심을 통해서, 현재 세계적 난민의 주요 부분을 구성하고 있는 특정한 인종적·

문화적 집단(이슬람계 중동 사람들)에게는 어떤 이미지가 덧씌워져 있다. 그들은 잠재적인 테러리스트이거나 강간범이며, 그도 아니라면 돈을 벌기 위해 밀입국하는 '가짜 난민'이라는 것이다(변성찬 2018, 178).

21세기 들어 난민 문제는 유럽이나 미국뿐 아니라 한국과 관련된 문제로, 해당 사회에 대한 공존과 통합의 문제로 인식되고 있다. 특히 한국은 한국인의 해외 이주와 외국인의 국내 이주라는, 비교적 짧은 기간에 경험한 이중적 이주 경험, 즉 해외에서의 공존과 한국에서의 공존은 공히 '공존 가능성'이라는 문제틀 problematic로 수렴된다(이주사학회 2016, 19). 이러한 문제틀을 가장 잘 시각화하고 있는 통로가 다큐멘터리 영화다. 프랑스, 독일 등 유럽 국가들이 몰려드는 중동 난민 문제로 골머리를 앓고 중동 난민 문제를 국가 사회적인 부정적 이슈로 인식하고 있을 때, 인식적 차별의 편협함에서 벗어나 사태의 본질을 제대로 파악하여 공존과 공생의 기반을 건설해야 한다는 당위명제를 제시하는 것이 바로 시리아 내전 관련 다큐멘터리 영화들이다.

철학자 들뢰즈Gilles Deleuze에 따르면 이미지와 기호로 이루어진 영화는 다른 예술이 간접적으로만 표현하는 운동을 직접적인 수단으로 성취한다. 예를 들어 문학이나 춤, 연극 등의 영역에서는 영혼 또는 정신이 운동을 간접적으로 재구성하여 표현하지만, 영화는 카메라를 통하여 운동을 이미지로부터 직접적으로 주어진 것으로 만든다. 이렇게 영화 이미지의 운동과 우리의 사유는 긴밀하게 연결되어 있으며, 영화의 운동-이미지는 사유를 직접적으로 자극한다. 바로 이 운동-이미지가 영화를 다른 예술과 달라지게 하는 영화의 특수성이라 할 수 있을 것이다(이지영a 2007, 252).[1]

> "인간의 자연적 지각에서는 시선의 정지, 정박, 고정된 점또는 분리된 시점들 등이 개입되지만, 카메라를 통한 영화의지각은 인간의 자연적 지각과 달리 연속적으로 이루어지며,그 운동의 정지들마저도 운동의 통합적인 부분을 이루며, 즉자적인 진동일 뿐인 단 하나의 운동 속에서 이루어진다." (들뢰즈, 유진상 2002, 36)

즉 들뢰즈의 주장에 따르면 영화적 사유는 예술적 사유임과동시에 인간의 사유를 자극하는 새로운 존재론적 사유임을 의미한다.

2011년 아랍 민주화 운동의 발발로 촉발된 시리아 내전 이후시리아 사태, 난민과 관련한 다수의 다큐멘터리 영화들이 시리아국내외에서 제작되었다. 본 연구는 시리아 내전과 난민에 대한시대적 배경과 국제 사회의 역학관계의 이해를 바탕으로 객관적진실에 접근하며, 영화적 운동-이미지가 인간의 사유를 자극한다는 들뢰즈의 인식 위에 시리아 내전과 난민의 양상이 관련 다큐멘터리 영화에서 재현된 방식을 살펴볼 것이다. 이를 통해 시리아 난민의 자의식과 정체성 인식의 양상을 주제적·심리적 차원에서 규명하여, 자기 성찰의 관점, 즉 내부자적 시선으로 바라본 난민 스스로의 모습에 대해 고찰해 보고자 한다.

2. 시리아 사태와 난민

1) 시리아 사태

2011년 '아랍의 봄'은 중동 민주화 혁명의 단초를 제공했고 중동 장기 독재자들의 축출 기반을 마련했다. 튀니지의 벤 알리Zine el-Abidine Ben Ali, 이집트의 무바라크Honsi Mubarak, 리비아의 카다피Muammar Gaddafi, 예멘의 살레Ali Abdullah Saleh가 물러나거나 축출되었지만, 시리아의 알아사드Bashar al-Assad 정권은 여전히 건재하다.

시리아는 1963년 쿠데타 이래 세습 독재가 이뤄지고 있는 드문 나라다. 1970년 정권을 잡은 하페즈 알아사드Hafez al-Assad와 그의 아들 바샤르 알아사드가 40년 넘게 집권했다. 2011년 3월 알아사드 정권이 반독재 민주화 시위대를 유혈진압 하면서 시작된 시리아 내전은 올해로 11년을 맞이하게 되었다.

2011년 반정부 시위가 확산하자 버락 오바마Barack Obama 대통령은 같은 해 8월 알아사드 대통령의 하야를 요구했고, 아랍연맹은 시리아의 회원국 자격을 정지시켰다. 총을 든 반군이 된 시위대는 2012년 시리아 제2의 도시 알레포를 장악하면서 알아사드 대통령은 실각 직전의 위기까지 몰렸다. 그러나 2014년 극단주의 테러 조직 이슬람 국가Islamic State of Iraq and the Levant, ISIL가 시리아·이라크를 근거로 발호하면서 시리아는 극심한 혼란에 빠져들었고, 국제 사회의 반군지원은 중요성을 잃어 갔다. 이란의 지원으로 간신히 전선을 유지하던 알아사드 정권은 2015년 9월 러시아가 시리아 내전에 개입하면서 전세 역전에 성공했고 러시아의 도움으로 2016년 12월 알레포를 탈환했으며, 이듬해 5월에 알레포에 이은 시리아 제3의 도시 홈스를 되찾았다. 2017년 중반 알아사드 정권과 반군 사이에서 대치했던 나라들이 ISIL 격퇴를 최우선 목표로 공조에 나서 ISIL이 패퇴했고 시리아 정부군은 주적의 격퇴를 자축했다. 알아사드 정권은 2018년 수도 다마스쿠스 동쪽 동구타와 남부 전체를 탈환했으며 반군을 북서부 이들립주와 알레포, 하마주 일부에 고립시키는 데 성공했다. 미군과 함께 ISIL 격퇴전의 선봉에 선 시리아 쿠르드족은 차츰 세력을 넓혀 갔으나, 이들이 자국 내 쿠르드족과 손잡을 것을 우려한 튀르키예는 2019년 시리아 쿠르드족을 공격했다. 현재 시리아 북서부는 반군이, 북동부는 쿠르드족이 장악했으며, 러시아, 튀르키예, 이란이 시리아 내에서 영향력을 겨루는 상황이다. 결국, 내전 발발 후 10년이 지난 현재 시리아는 여전히 알아사드 정권하에서 외세의 입김에 휘둘리는 처지가 된 것이다.

시리아인권관측소Syrian Observatory for Human Rights, SOHR는 알아사드 정권의 화학무기 사용 횟수를 200차례 이상으로 파악하고 있다. 시리아의 인프라와 경제는 파탄 지경에 이르렀고 국제구호단체 월드비전은 10년간의 전쟁 비용을 1조 2천억 달러(한화 약 1천 350조 원)으로 추산했다. 그야말로 21세기에 맞은 인도주의 재앙이다. 6·25전쟁이 3년 1개월, 임진왜란이 6년 7개월, 1차 세계대전이 4년 3개월, 2차 세계대전이 6년에 걸쳐 진행되었음을 고려하면 시리아 내전은 고단하며 지난한 비극적 재앙이다.

2) 난민

세계인권선언은 "모든 인간은 자유롭고 그 존엄과 권리에 있어 동등하다"는 문장으로 시작된다. 모든 사람은 인종, 피부색, 성, 언어, 종교, 정치적 견해 또는 그 밖의 견해, 출신 민족 또는 사회적 신분, 재산의 많고 적음, 출생 또는 그 밖의 지위에 따른 어떤 구분도 없이, 선언에 나와 있는 모든 권리와 자유를 누릴 자격이 있고(제2조), 어디에서건 법 앞에서 다른 사람과 똑같이 한 인간으로 인정받을 권리가 있으며(제6조), 고문 또는 잔인하고 비인도적이거나 모욕적인 처우 또는 처벌을 받아서는 안 되며(제5조), 박해를 피해 다른 나라에서 피난처를 구할 권리와 그것을 누릴 권리를 가진다(제14조).[2]

유엔난민기구United Nations High Commissioner for Refugees, UNHCR에 따르면 10년째 계속된 내전으로 약 660만 명의 시리아인이 전쟁을 피해 튀르키예, 레바논, 요르단 등으로 떠났고, 시리아 내부에서도 약 670만 명이 삶의 터전을 잃고 피란길에 올랐으며, 59만 명 이상이 목숨을 잃었다. 시리아 난민의 주변국 수용 현황을 살펴보면 튀르키예가 약 367만 명을, 레바논이 약 86만 명을, 요르단이 66만 명을, 이라크가 25만 명을, 이집트가 13만 명을 각각 수용하고 있다.[3] 유럽 국가의 경우 가장 많은 시리아 난민을 받아들인 나라는 독일로, 약 58만 명을 수용했으며 다음으로 스웨덴이 약 12만 명, 오스트리아가 약 9만 5,000명, 네덜란드가 약 3만 2,000명 정도이며 그리스 약 2만 7,000명, 프랑스가 약 1만 8,000명을 수용하고 있다.[4]

2011년 시리아 내전 발발 이후 한때 난민에 대해 비교적 포용적 태도를 보였던 유럽연합European Union, EU이 중동 난민에 대해 강경한 태도로 선회했고 2020년 EU 집행부는 난민의 역내 유입을 막기 위해 튀르키예와 접경한 유럽의 관문인 그리스의 난민 대응을 적극적으로 지원하기로 했다. 약 367만 명의 난민을 수용하고 있는 튀르키예가 더는 시리아 난민을 수용할 수 없다며 유럽 쪽 국경을 개방한 데 따른 대응 조치다. 2016년 EU는 튀르키예가 자국에 체류 중인 외국 난민이 유럽에 들어오지 못하게 하는 조건으로 약 30억 유로를 지원하는 협약을 맺은 바 있는데 난민 송환 협약을 지키지 않는다고 EU는 튀르키예를 비판하고 있다.

21세기 주요 글로벌 이슈 중의 하나가 난민 문제이다. 2016년 9월 난민과 이주민을 위한 뉴욕선언New York Declaration for Refugee and Migrants이 이루어졌다. UNHCR에 따르면 2020년 말 세계 난민의 수는 8,240만 명으로 역대 최대 규모에 이르렀다. 이 중 시리아 난민의 수는(해외 난민과 국내 실향민 포함) 약 1,330만 명으로 전 세계 난민의 1/6에 이르는 규모다.

1차 세계대전 후 국제연맹League of Nations의 출범과 함께 각종 공공 정책이 수립되면서 UN의 테두리 안에서 난민지원 체제가 만들어졌다. 2차 세계대전 후 1951년 1월 유엔난민고등판무관사무소United Nations High Commission for Refugees, UNHCR가 출범하면서 그해 7월 난민의 지위에 관한 협약(통칭 난민협약)The 1951 Convention relating to the Status이 체결되었다(손영화 2019, 31).[5]

난민을 포함한 사람의 이주 현상은 수용국에 경제적 편익과 문화적 풍요로움을 가져다줄 수 있는 한편, 중장기적으로 보면 사회통합이 실패하고, 주류의 사회와는 다른 병립 사회parallel society가 출현하는 상황을 초래할 수 있다(손영화 2019, 44).

21세기 난민 문제의 최대 쟁점은 중동 무슬림 난민의 수용일 것이다. 중동 무슬림을 수용해 온 유럽 등 서방 국가들은 사회의 이슬람화Islamization 현상에 대한 심각한 우려를 표명하고 있다. 시리아 내전이 촉발한 중동 난민 문제는 인도주의적 관점을 벗어나 종교적 위협으로 인식되고 있다. 일부 유럽 국가들이 시리아 난민 중 기독교인만을 선별적으로 수용하겠다고 발표했던 사실은 이 같은 인식에 근거한 것으로 해석된다.

난민 위기로 인해 개별 국가가 난민을 수용하는 절차가 더 강화되고, 난민에 대한 입장이 더 인색해질 뿐 아니라, 반이민 정서, 이슬람 혐오 범죄, 난민 문제의 안보화 경향이 나타나는 것은 시리아 난민을 포함해 세계 난민 문제의 해법을 모색하는 데 장애 요소가 되고 있다.

3. 영화 속 시리아 난민 이미지

  최근 수년간 영화계에서는 그 어느 때보다 많은 난민 영화들이 제작되었다. 세계 유명 영화제의 출품작 중에는 난민 문제를 주제로 한 영화들이 넘쳐나고, 그중 일부 영화는 수상작으로 선정되기도 한다. 대부분의 난민 영화는 난민에 대한 상투적이고 지배적인 이미지에 대한 질문과 저항을 담고 있지만, 그 많은 수만큼이나 재현 방식 또한 다양하다. 특정한 재현 방식은 영화가 품고 있는 특정한 비전과 밀접하게 관련되어 있고, 그 비전에 따라 난민은 서로 다른 방식으로 이미지화된다(변성찬 2018, 178).

  난민의 이미지는 '불안한 사람들'이다. 영화 속 난민은 억울한 일을 당해도 참아야 하고, 언제 쫓겨날지 몰라 가슴 졸여야 하는 약자의 모습으로 그려진다. 시리아 난민의 경우도 예외가 될 수 없다. 이 장에서는 시리아 사태 발발 이후 만들어진 시리아 난민 관련 영화를 크게 두 범주, 외부자적 시선과 내부자적 시선으로 나누어 그 양상을 살펴보고자 한다.[6]

1) 외부자적 시선

영화 〈유령의 도시City of Ghosts〉는 시리아 민주화 운동의 성지
와도 같았던 도시 라카에서 펼쳐지는 이야기를 다룬다. 내전 3년
차에 새롭게 대두된 강력한 조직인 ISIL이 지배권을 차지하면서
사도 무함마드 시대의 이슬람 국가 설립을 주창한다. 그 영향력
은 빠르게 확산되어 민주화의 본산으로 불리던 라카는 중세적 극
단주의 신정 통치의 본거지 ISIL의 수도로 변모한다.

이 영화는 인권단체 '라카는 조용히 학살당하고 있다'의 지하
언론활동을 담고 있다. 시민기자들로 구성된 이 단체의 사명은
ISIL의 활동을 감시함으로써 영화 주인공들의 고향 라카에서 벌

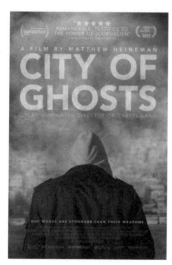

유령의 도시

어지는 시대착오적인 잔혹하고 야만적인 ISIL의 만행을 세상에 알리는 것이다.

〈유령의 도시〉는 92분짜리 분량으로, 미국 감독 매튜 하이네만Matthew Heineman이 2016년 제작한 다큐멘터리 영화다. 제33회 선댄스영화제(2017) 미국 다큐멘터리 경쟁부문 후보, 제35회 뮌헨국제영화제(2017) 프리츠 게를리히상 수상, 제70회 미국감독조합상(2018) 다큐멘터리 부문 수상이라는 이력을 남겼고, 제18회 전주국제영화제(2017) 및 제14회 서울환경영화제(2017)에 개막작으로 초청될 만큼 주목을 받았던 작품이다.

이 영화는 미국인의 시선으로 시리아 사태를 여과 없이 그대로 전달한다. 인권단체 '라카는 조용히 학살당하고 있다'의 활동은 세계적인 주목을 받지만, 그만큼 ISIL 세력에 노출되어, 잔인한 보복의 위협에서 목숨을 건 희생은 늘어 간다. 거듭되는 생명의 위협과 활동의 제약 속에서 인권단체 멤버들은 고립되거나 하나둘씩 라카를 떠난다. 2017년 라카는 ISIL의 손에서 해방되었지만, 감독의 시선에 비친 도시 라카는 더 이상 다양한 종파가 자유롭게 활동하던 시리아의 고대도시가 아닌, 처참하게 폐허가 된, 난민이 신음하는 유령의 도시인 것이다.

시리아 내전 당시 반군 지역에서 활동하며 정부군의 공습과 폭격 후 민간인을 구조하는 자원봉사단체 '화이트 헬멧'의 활약상을 담은 〈화이트 헬멧: 시리아 민방위대The White Helmets〉는 넷

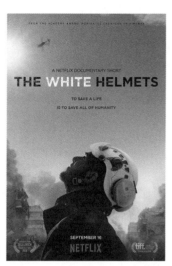

화이트 헬멧

플릭스가 제작한 단편 다큐멘터리다.

　하루에도 수차례씩 시민의 일상을 위태로움과 절망 속에 밀어 넣는 무분별한 폭격 속에서 화이트 헬멧은 총 한 자루 없이 보호 헬멧만을 쓴 채 폭격의 잔해 속으로 들어가 죽어 가는 한 생명이라도 살려 내기 위한 사투를 벌인다. 구조대원들이 착용한 헬멧 색깔에서 유래한 영화 〈화이트 헬멧〉은 시리아 내전의 한복판에서 연속되는 폭격의 와중에 인명구조를 위한 그들의 처절한 활약상과 구조 과정에서 노출되는 민간인 피해의 참상을 처절하게 그려 낸다. 평범한 민간인들로 구성된 '화이트 헬멧'의 모습은 "한 사람의 생명을 살리는 것이 인류를 살리는 것이다"라는 사명으로 뭉쳐, 내전의 참혹함으로 갈 곳 없는 난민이 되어 좌절하는 사람들에게 실낱같은 희망을 안겨 준다.

다큐멘터리 전문 감독인 올란드 폰 아인지델Orlando von Einsiedel 이 감독한 〈화이트 헬멧〉은 제89회 아카데미시상식(2017) 단편 다큐멘터리상을 받았다. 화이트 헬멧이 서구의 자금 지원으로 유지되고, 반군과 사상을 같이하여 활동의 지역별 편차가 심하다 는 의혹과 비판이 제기되어 씁쓸함을 남기기도 했지만, 시리아 사태를 제삼자적 시각에서 객관적으로 바라보려는 시도는 다른 시리아 관련 영화와 함께 큰 의미로 남을 것이다.

영화 〈시리아의 비가: 들리지 않는 노래Cries from Syria〉는 제 33회 선댄스 영화제 다큐멘터리 프리미어 부문에 초청되어 해외 언론과 평단의 호평을 얻은 영화다. 40년 독재에 저항하면서 시

시리아의 비가

작된 시리아의 아픈 6년의 세월을 담은 다큐멘터리 영화로 시리아의 인권 운동가와 언론, 시민들로부터 전달받은 수백 시간의 전쟁 영상과 평범한 시민, 아동 시위대, 혁명 지도자, 고위 군 관계자 등 다양한 사람의 인터뷰를 바탕으로 완성됐다.

영화는 세 살배기 아이 아일란 쿠르디Aylan Kurdi가 싸늘한 주검이 된 채 해안가에 누워 있는 장면으로 시작된다. 중동 난민의 단면을 가슴 쓰리게 보여 주었던 그 장면, 아이의 죽음은 영화 초반부 시각적 충격을 줌으로써 보는 이의 마음을 먹먹하게 한다. 〈시리아의 비가〉를 통해 이브게니 아피네예브스키Evgeny Afineevsky 감독은 고립된 도시에서 영양실조에 쓰러진 사람들, 끔찍한 고문의 흔적들, 파괴된 도시, 갈가리 찢긴 시체 등 충격적인 여러 영상 조각을 영화 곳곳에 삽입했다. 영상의 수위의 불편함에 대해 감독은 "시리아에서 무슨 일이 일어났는지 알기 위해서는 반드시 보여 줘야 한다"고 단호히 말한다.

영화의 끝부분에서 시리아의 기자 겸 운동가인 하디 알압둘라 Hadi al-Abdullah는 말한다. "5년 전만 해도 모두가 바라는 조국의 혁명을 꿈꿨지만, 지금은 제 꿈이 뭔지 잘 모르겠어요." 꿈은 요원해지고 출구는 보이지 않는다. 그러나 영화의 마지막에 등장한 소녀의 말은 절망의 한복판에서 한 줄기 희미한 희망의 빛을 보여 준다. "언젠가는 알레포로 돌아갈 수 있기를 간절히 바라고 있어요. 우린 이 역경을 꼭 이겨 낼 거예요."

2) 내부자적 시선

ㄱ. 자기 투사의 거울로서의 난민

영화 〈은빛 수면, 시리아의 자화상Silvered Water, Syria Self-Portrait, Ma'a al-Fidda〉은 2011년 프랑스로 망명한 시리아 감독 오사마 무함마드Usama Muhammad에 의해 제작된 영화다. 시리아 내전의 소식을 들으며 절망과 무력감에 빠져 있던 중 '혁명의 도시' 홈스에 남아 있던 여성 활동가 위암 베디르산Wiam Bedirxan과 온라인 채팅을 하게 되고 거기서 영화기획이 시작되었다. 영화는 '1,001명의 시리인에 의해 촬영되었다'라는 자막으로 시작한다. '천일야화'를 떠올리게 하는 1001이라는 숫자는 극단적으로 판이한 내용

은빛 수면, 시리아의 자화상

을 관객에게 제공한다.

거리에서 죽은 아이와 시민의 시체, 다리가 잘린 고양이, 고문 장면 등 영화의 이미지는 잔인하기 그지없다. 그 참혹함은 지구 반대편에 평범하고 안전한 삶을 누리는 이들을 소환하며 불편하게 만든다. 영화에서 고통스럽고 선문답적이며 시적인 대화가 아름답고 처연한 음악과 어우러지고, 그저 무기력하게 하늘을 촬영하는 카메라 앵글에서 감독의 깊은 고뇌와 삶의 의미를 찾으려는 일말의 노력이 읽힌다. 제목처럼 영화는 거울 앞에 서서 민낯의 모습을 마주한 시리아의 모습을 그려 내고 있다.

〈은빛 수면, 시리아의 자화상〉은 제67회 칸영화제(2014) 초청작, 제58회 BFI 런던영화제(2014) 그리어슨상(다큐멘터리 부문) 수상, 제36회 낭트 3대륙 영화제(2014) 스페셜 스크리닝 초청작, 제36회 카이로국제영화제(2014) 스페셜 프레젠테이션 부문 초청작, 제19회 부산국제영화제(2014) 다큐멘터리 부문 초청작으로 국내외의 주목을 받은 작품이다.

ㄴ. 자기 성찰의 거울로서의 난민

영화 〈알레포 함락Aleppo's Fall〉은 노르웨이에 난민으로 정착한 알레포 출신 감독 니잠 나자르Nizam Najar가 겪는 이야기다. 머나먼 북유럽에서 고국의 내전 상황을 간접적으로만 체험하던 감독에게 날마다 전해진 시리아 사태의 참극은 그를 알레포의 한복

알레포 함락

판으로 직접 찾아가게 만든다. 고향에서 자유시리아군Free Syrian Army, FSA을 취재하기 시작한 감독의 눈에 비친 실상은 그가 감내하기엔 너무나 당혹스럽고 괴로운 일상의 연속이다. 알레포 등 근거지 사수를 위한 절망적 투쟁이 이어짐에도 불구하고 알아사드 정권을 무너뜨릴 수 있다는 희망은 점점 희미해지고, 단결하지 못하는 반군의 모습은 점차 실망과 좌절로 이어진다. 전황은 악화일로를 걷고, 하나둘씩 전사하는 반군의 상황과 그 와중에도 분열을 극복하지 못하는 반군의 상황에서, 끝내 함락 직전의 알레포를 탈출하며 독백하는 감독의 내레이션은 쓸쓸한 반향을 남긴다. "왜 이렇게 된 것일까, 여전히 희망을 가질 수 있을까, 그래서 이 영화는 무엇을 말해야 하는 것일까?"

이 영화는 제30회 암스테르담 국제다큐멘터리영화제(2017, 파노라마 부문)에 초청되었고 제10회 DMZ 국제다큐멘터리 영화제(2018, 국제경쟁 부문) 심사위원특별언급상을 수상했다. 자유를 찾아 해외로 도피한 난민의 시선으로 다시 고국으로 돌아와 자신과 동일한 정체성을 가진 또 다른 난민의 모습을 기록하는 과정을 통해 감독은 이 사회의 태도에 대한 성찰적인 질문을 던지고 있다.

4. 영화 〈시멘트의 맛〉, 〈알레포에서의 하루〉를 통해 바라본 내부자적 시선

영화 〈시멘트의 맛Taste of Cement〉은 독특한 관점으로 시리아 내전의 난민을 다룬 작품이다. 유입되는 중동 난민으로 유럽은 몸살을 앓고 있지만 정작 난민을 주로 수용하고 있는 나라는 튀르키예와 레바논, 이집트 등이다. 가장 부유한 아랍 형제국인 사우디아라비아조차 금전 지원 외에 난민을 한 명도 받지 않는 정책을 상당 기간 고수한다. 인구가 7백만 명 남짓한 레바논에 90만 명의 시리아 난민이 몰려들었고 전체 인구의 1/7이 넘는 이

시멘트의 맛

들 난민은 생존을 위해 저임금 노동자로 전락한다.

이 작품은 레바논의 수도 베이루트의 건설 현장에서 일하는 시리아 노동자의 삶을 무미건조하게 관찰한다. 폐허가 된 고국 시리아를 떠나 지중해가 바라다보이는 베이루트 휴양지의 마천루를 짓는 건설 노동자로 하루하루를 살아 내는 이들의 모습은 형언하기 어려운 인상을 남긴다. 영화 〈시멘트의 맛〉은 이들 시리아 난민의 삶을 '있는 그대로' 드러내는 리얼리즘의 차원을 넘어서, 과거와 현재의 경계를 넘나들며 희미한 미래를 꿈꾸는 방식으로 시리아 난민의 새로운 정체성을 창출하려는 '재현의 장치'를 사용하고 있다.

이들은 자유롭게 시내에 출입할 기회도 없다. 난민이기 때문에 야간에는 통행이 제한되고 자신들이 건설하고 있는 빌딩 아래에서 마치 그 빌딩의 일부인 양 살아가고 있다. 무미하게 반복되는 일상에서 고향 시리아에 대한 소식을 알 수 있는 것은 낡은 TV와 휴대전화뿐이다. 파괴와 참상이 반복되는 시리아의 모습이 그들의 눈물 머금은 눈동자를 통해 투영되는 장면은 어쨌든 고달픈 삶을 이어 나가야 하는 난민의 먹먹한 일상으로 연결된다.

이 영화는 자유와 해방을 위한 이주가 다른 한편에서 새로운 억압을 낳는 과정일 수 있다는 아이러니를 보여 준다. 그러나 동시에 다시 시작되는 억압의 순환이 시지프스의 노동 같은 동일성의 반복이 아니라 해방과 자유가 확장되는 과정이 될 수도 있음을 암시한다.

영화 〈시멘트의 맛〉은 건설 장비의 기계음과 함께 네모나게 뚫린 건설 현장의 한 벽면을 통해 보이는 지중해 바다와 한 난민 노동자의 독백으로 시작한다.

> 출장에서 돌아오신 아버지를 기뻐하며
> 이 방 저 방 뛰어다니던 어린 시절 어느 날,
> 나는 주방에서 커다란 바다를 보았다.
> 하얀 모래사장과 푸른 하늘,
> 그리고 두 그루의 야자나무,

그것이 내가 처음 마주한 바다의 모습이었다.

영화의 소재가 된 '시멘트'는 외국 건설시장에서 일하다 돌아온 아버지에게서 맡았던 냄새였고, 폭격으로 파괴된 고향 시리아에서 몸서리치며 맡았던 냄새이며, 지금은 레바논 건설 현장에서 생존을 위해 날마다 맡아야 하는 시멘트 냄새다. 어릴 적 기대와는 달리 시리아 내전으로 인해 주인공의 삶은 새로운 '극단의 삶'으로 치닫는다. 건설 현장이라는 제한된 공간 속에서 이질적이고 위험한 존재로 경계 지어지는 삶이다.

영화는 시종일관 건설 장비의 기계음을 반복하고 시리아 난민 노동자의 일상을 건조하게 보여 준다. 빌딩의 철근을 붙들고 아득한 바다를 바라보는 노동자의 뒷모습은 굳이 대사가 없어도 그 마음을 충분히 읽어 낼 수 있는 기제로 작용한다. 영화의 마지막 장면은 영화 도입부 주인공의 같은 독백으로 마무리된다. 실현되지 못할 유토피아로 남게 된 어릴 적 바다와 같은 고향 시리아에 대한 아득한 노스탤지어를 꿈꾸며.

영화 〈시멘트의 맛〉은 2017 비종뒤 릴 국제영화제 최우수작품상을 수상했고, 제30회 암스테르담 국제다큐멘터리영화제(2017) 초청작으로 선정되었으며, 제14회 두바이 국제영화제(2017) 아랍 장편-논픽션 작품상을 수상했다.

〈알레포에서의 하루One Day in Aleppo〉는 25분짜리 단편 다큐멘

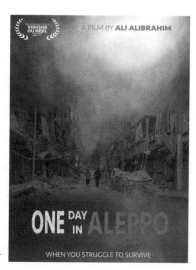

알레포에서의 하루

터리다. 시리아 언론인, 작가이자 다큐멘터리 영화감독인 알리 알이브라힘Ali al-Ibrahim이 제작한 영화로 제30회 암스테르담 국제다큐멘터리영화제(2017) 단편경쟁 부문 후보에 올랐고 제10회 DMZ 국제다큐멘터리영화제(2018)에 초청되었다.

이 영화는 실제 1일을 1/60로 축약해 25분여 동안 하루를 표현하는 압축의 경지를 보여 준다. 영화는 거듭되는 폭격과 폭격에 죽어 나가면서도 인간적인 삶을 유지하려는 알레포 시민의 일상을 여러 각도의 카메라로 잡아낸다. 공습으로 폐허가 된 건물 잔해에서 힘을 합해 이웃을 구조하고, 아이들은 폐허가 된 담벼락을 물감으로 채색하는 등 어떻게든 일상을 이어 나가려는 몸짓이 작은 희망을 전한다. 온라인에서 이미 유명해진 전기기술자 출신 '알레포의 캣맨'은 주인 잃은 100여 마리의 길고양이를 돌보며 전쟁포화 속에서 작은 사랑을 실천한다.

그러나 전투가 격화되면서 위험을 각오하고 촬영하는 제작진에게까지 공습과 폭격이 심해졌고, 급기야 제작진과 출연하던 주민까지 희생당하는 급박한 상황이 펼쳐진다. 지옥 같은 현실, 그럼에도 삶을 살아 내는 사람들의 모습을 〈알레포에서의 하루〉는 여과 없이 보여 준다. 대도시에서의 삶이 전쟁이나 재난 상황에서 얼마나 위태로운지, 고립된 도시의 빈곤과 사회적 약자에게 더 가혹한 참상을 이 영화에서 절절하게 깨달을 수 있다. 익숙하게 누려온 도시의 편의가 무너지는 순간 어떤 재난이 닥쳐오는지, 도시라는 인류문명의 정수가 얼마나 다양한 요소의 결합과 수많은 이의 노고로 유지·관리되는지 이 영화를 통해 확인하게 된다(김상목 2020, 94).

영화 〈알레포에서의 하루〉에서 주목할 것을 두 가지로 요약할 수 있다. 첫째는 공간이다. 영화의 배경은 알레포다. 알레포는 기원전 50세기부터 도시의 흔적이 확인되고 기원전 25세기에 최초로 문서에 언급된 고대도시로 1986년 유네스코 세계문화유산에 지정되었다. 수도 다마스쿠스와 어깨를 나란히 하는 시리아의 양대 도시이며 역사적으로 중동의 패권이 바뀔 때마다 부침을 겪었다. 2차 세계대전이 끝나고 1945년 시리아의 독립 후에도, 수천 년의 역사를 가진 알레포는 쉬아파 계열의 알라위파 집권

세력인 정부군을 지지하는 세력과 알아사드 정권에 반감이 큰 순니파 무슬림 간의 갈등으로 분열 안의 분열의 양상을 보여 왔다.

두 번째로 주목할 것은 관계다. 고난 속에서도 서로를 위해 목숨을 아끼지 않는 이웃과의 관계, 포화 속에서도 웃음을 잃지 않고 남아 있는 벽에 물감을 칠하는 순진한 아이들과 그 아이들을 통해 희망을 발견하고픈 어른들의 시선, 인간도 살아남기 힘든 상황 속에서 고양이를 돌보는 사람과 동물 간의 우정 등이 그것이다. 어쩌면 감독은 알레포가 과거 수천 년 역사의 부침 속에서도 건재했듯이 사람과의 공존과 상생을 통해 시리아 사태를 극복하고 살아남고자 하는 염원을 영화에 투영하고자 했을지도 모른다. "언론인으로 가장 중요한 나의 임무는 고문당하고, 학대당하고, 이용당하는, 자유를 갈망하는 시리아인의 목소리를 내는 것이다." 알리 알이브라힘 감독이 언론 인터뷰에서 던진 일갈一喝을 통해 24분짜리 단편 다큐멘터리 영화가 전하는 울림의 메시지를 느낄 수 있다.

시리아 인권 네트워크Syrian Network for Human Rights, SNHR의 보고서에 따르면 2011년부터 2018년까지 시리아에서 사망한 언론인과 미디어 종사자의 수는 689명이다. 현재 스웨덴과 같은 안전한 나라에 거주하고 있음에도 불구하고 알리 알이브라힘 감독은 언론인으로서 시리아 정권의 민간인에 대한 화학 공격과 장기 구금, 체포, 고문 등 인권 말살의 현실을 증언하는 증인이 되겠다는 각오를 영화를 통해 새롭게 다지고 있다.

5. 결론

『차라투스트라는 이렇게 말했다』에서 니체Friedrich Nietzsche는
이렇게 말한다. "국가란 온갖 냉혹한 괴물 중에서 가장 냉혹한 괴
물이며, 인간의 자기 극복에 있어 더 나쁜 것은 침묵이며, 억압된
진리는 모두 독이 되고 만다." 시리아 난민을 재현하는 영화를 통
해 흐르는 반복적인 메시지가 있다. "이제는 침묵하지 않겠다. 억
압된 진리를 뚫고 세상으로 나아가겠다."

목숨 걸고 시리아 내전에 근접해서 담아낸 다수의 다큐멘터리
영화에서 발견되는 공통된 사항은 열악한 환경으로 인한 촬영의
한계로 모양새가 그렇게 빼어나지 않다는 점이다. 최근 수년간
다양한 시각으로 시리아 내전을 조망하는 작품들이 계속 이어져
나오는 상황은 중동 문제를 이해하기 위해 상당히 고무적인 일
이기도 하지만, 이러한 난민 관련 영화들이 지나치게 선정주의화
되어 가지 않느냐는 비판 또한 제기된다. 다시 말해 대중이 원하
고 선호하는 시리아 상황 관련 코드에 맞춰 영화가 생산되고 있

다는 것이다.

이 장에서는 시리아 난민을 주제로 제작된 7편의 다큐멘터리 영화를 외부자적 시선 3편과 내부자적 시선 4편으로 분류하고 영화에서 재현된 난민의 양상과 그들의 자의식 및 정체성에 대해 주제적·심리적 차원의 분석을 시도하였다.

영화 〈유령의 도시〉와 〈화이트 헬멧〉, 〈시리아의 비가: 들리지 않는 노래〉를 통해 외부자적 시선으로 바라본 시리아의 시간은 참혹하게 파괴된 도시에 남겨져 희망조차 희미해져 가는 절망의 한복판에서 마지막 정체성을 잃지 않으려고 안간힘 쓰는 난민의 처절한 노력으로 점철된다. 〈은빛 수면, 시리아의 자화상〉과 〈알레포 함락〉은 자기투사의 거울과 자기성찰의 거울로 비춰 본 난민 스스로의 자화상이다. 내부자적 시선으로 바라본 시리아 난민은 잔인하기 그지없는 영상과 선문답적인 대화의 경계를 넘나든다. 현실에 대한 좌절과 존재하는지 확신조차 희미해진 미래에 대한 희망이 영화 내내 내부자적 시선을 통해 위험한 경계를 오가며 인간 삶의 무의미한 인식론적 경계와 함께 존재론적 경계까지 해체한다. 그러나 영화 〈시멘트의 맛〉과 〈알레포에서의 하루〉는 과거와 현재를 넘나들며 희미한 미래를 꿈꾸는 시리아 난민의 새로운 정체성을 창출하려는 재현의 장치를 사용하며, 공존과 상생을 통한 고난 극복의 염원을 내부자적 시선으로 투영하고 있다.

민족이건 국가건 개인이건 기억에서 끌어내고 위로해서 풀어 주어야 할 고통스러운 과거가 있을 수 있고, 그런 트라우마와 억압을 양지로 끌어내는 일은 살아 있는 사람의 의무일 것이다. 영화는 분명히 그런 기억을 가장 대중적으로 드러낼 수 있는 좋은 매체다(이주사학회 2016, 58). 보편적 인류애를 기반으로 시리아 문제에 관심을 촉구하는 것이 시리아 난민 영화의 기본적인 목표이지만, 내전의 원인과 배경 그리고 21세기에 이런 참혹한 전쟁이 왜 발생해야 하는지, 이 비극을 종식하기 위해 어떤 문제를 해결해야 하는지에 대한 객관적이고 냉철한 고민이 절실히 필요하다.

아랍의 봄에서 시작된 시리아 내전은 아직도 진행형이다. 폭력화된 정치 집단은 자신들의 이익을 관철하기 위해 마지막까지 수많은 사람을 희생시킨다. 시리아 내전으로 발생한 난민은 주변 아랍 국가로, 또 유럽으로 억압을 피해 도주하거나 어쩔 수 없이 고국에 남아 그 쓰린 상흔을 견뎌내고 있다.

이 장에서 분석한 시리아 난민 관련 영화는 갈등과 억압을 해결할 비책을 제시하지는 않는다. 다만 인간이 얼마나 자신의 이익에 충실할 수 있는지, 문명화된 사회에서 시민이 무자비한 정권에 얼마나 취약한지, 일상의 평온함이 어느 정도로 완벽하게 파괴될 수 있는지를 보여 주고 있다.

시리아 내전이 발생한 지 10년이 지난 지금, 시리아 내전에 대한 영화적 표현에 있어서 우리는 어떤 합의에 이를 수 있을까? 내부자적 시선으로 바라본 시리아 난민 관련 영화는 그런 사유를 우리에게 끊임없이 던져 주며 기록과 기억 사이의 합의를 오가게 만든다. 또한, 전 세계를 향해 의도적 망각과 침묵을 깨고 시리아 사태에 대한 기억을 소환해 낼 것을 촉구하고 있다.

주석

1 들뢰즈에 의하면 사유란 과거에 있었던 것을 다시 알아보거나(재인, 再認) 공준(公準)으로 주어져 있는 가치를 대상 속에서 재발견해 내는 것이 아니라, 이전에는 존재하지 않던 삶의 새로운 가능성을 창안하는 것이다. 이러한 의미에서 사유는 재인이 아니라 창조이다. 그런데 창조로서의 사유는 "어떤 돌발적인 충격"과 같은 폭력적인 경우에 처해서만 시작되는 것이다. 들뢰즈에게 "이 사태는 어떤 근본적인 마주침의 대상"이며, 어떤 질(質)로 현실화된 감성적 존재자가 아니라 오히려 "어떤 기호"라고 정의된다. 들뢰즈는 사유를 강요하는 이러한 기호에 관한 관심이 자신으로 하여금 영화에 대해 사유하고 글을 쓰도록 만들었다고 밝히고 있다.

2 세계인권선언(Universal Declaration of Human Rights, UDHR)은 1948년 12월 UN 총회에서 당시 가입국 58개국 중 48개국의 찬성으로 채택된 인권에 관한 세계 선언문으로, 1946년 인권장전 초안과 1966년 국제인권규약과 함께 국제인권장전이라고 불린다.

3 2021년 4월 UNHCR 통계자료.

4 2019년 statista 통계자료.

5 난민협약 제1조A(2)에서 정하는 국제법상 난민의 정의는 인종, 종교, 국적 혹은 특정 사회적 집단의 구성원이라는 것, 또는 정치적 의견을 이유로 박해를 받을 우려가 있다는 충분한 이유가 있는 공포를 느끼기 때문에 국적국 밖에 있는 자로서, 그 국적국의 보호를 받을 수 없는 것

또는 그러한 공포를 느끼기 때문에 그 국적국의 보호를 받는 것을 원치 않는 사람이다.

6   변성찬(2018), 「영화 속의 난민 이미지」, 180-182의 내용을 바탕으로 수정 후 재구성하였음.

참고자료

김상목(2011), 「폐허가 되어버린 인류 최고(最古)의 도시, 알레포」, 『국
　　토』, 88-94.

박선희(2017), 「유럽연합-터키 관계와 EU 이주·난민정책 외재화의
　　문제점」, 『국제지역연구』 21(1), 35-61.

변성찬(2018), 「영화 속의 난민 이미지」, 『문화과학』 96, 176-187.

손영화(2019), 「난민문제에 관한 서론적 고찰」, 『한양법학』 30(2), 27-
　　58.

유진상(2002), 『시네마 I: 운동-이미지』, 시각과 언어.

이상서, 「전 세계 난민, 남북한 인구보다 많아… 사상 최대 규모」, 『연
　　합뉴스』(2020.06.19.).

이상화(2017), 「시리아 난민문제와 국제사회: 중견국의 역할을 중심으
　　로」, 『아시아연구』 20(1), 103-122.

이신화(2016), 「시리아 난민 사태: 인도적 위기의 안보적 접근과 분열
　　된 정치적 대응」, 『한국과 국제정치』 32(1), 75-103.

이주사학회 기획, 신동규 편(2016), 『영화, 담다 그리고 비추다』, 에코
　　리포트.

이지영(2006), 「들뢰즈의 『시네마』에 나타난 영화 이미지 존재론」, 『철
　　학사상』 22, 247-270.

_____(2007), 「들뢰즈의 『시네마』에서 운동-이미지 개념에 대한 연구」, 『철학연구』 35, 249-269.

장지향, 유아름(2019), 「시리아 세습독재 정권의 생존과 다종파 엘리트 연합의 역할」, 『글로벌 거버넌스/중동, 중동/북아프리카, 아산정책연구원』 Jun 17.

전혜원(2015), 「유럽 난민 사태의 유럽정치에의 함의」, 『주요국제문제분석』 47, 1-21.

채인택, 「정부 폭격기는 병원 노렸다… 시리아 내전 10년, 스러진 59만 명」, 『중앙일보』(2021.03.15.).

황기식, 김현정(2018), 「난민안보와 EU 공동체 위기」, 『한국과 국제정한국동북아논총』 23(3), 111-136.

Betts, A.(2013), *Survival Migration Failed Governance and the Crisis of Displacement*, New York: Cornell University Press.

Chouliaraki, L. M. Georgiou & R. Zaborowski(2017), "The European 'migration crisis' and the media," Project Report, W. W. Oomen, Utrecht University.

Harris, N. N., "Ten years of war in Syria has cost $1.2 trillion," World Vision(Mar 04, 2021). https://www.worldvision.org/about-us/media-center/ten-years-of-war-in-syria-has-cost-1-2-trillion-according-to-world-vision (search: 2022.07.05.).

Salehyan, I.(2008), "The Externalities of Civil Strife: Refugees as a Source of International Conflict," *American Journal of Science*, 52(4), 134-149.

SNHR(Syrian Network for Human Rights). https://sn4hr.
    org/#1523211656304-10d5a051-67df (search: 2022.07.05.).

SOHR(Syrian Observatory for Human Rights). https://www.syriahr.
    com/en/category/maps-infographic/infographic/ (search:
    2022.07.05.).

statista, "Ranking of the largest Syrian refugee-hosting countries in
    2019." https://www.statista.com/statistics/740233/major-
    syrian-refugee-hosting-countries-worldwide/ (search: 2022.
    07.05.).

UNHCR(2020), "Global Trends 2019."

_____(2021), "Global Trends 2020."

UDHR. https://www.un.org/en/about-us/universal-declaration-of-
    human-rights (search: 2022.07.05.).

4장

아랍의 봄 초기에 대한 기록과 반영, 재구성: 외부자적 시선에서 묘사된 바레인과 이집트

김은지
한국외국어대학교

아랍의 봄 초기에 대한 기록과 반영, 재구성:
외부자적 시선에서 묘사된 바레인과 이집트

1. '아랍의 봄'과 대중 매체

아랍 지역에 긍정적인 민주화 반향을 가져올 것이라 기대했던 '아랍의 봄Arab Spring'[1]이 일어난 지 벌써 10년이 넘었다. 대학 졸업 후 마땅한 직업을 얻지 못하고 가족을 부양하기 위해 거리 노점상을 전전하던 청년 무함마드 부아지지Mohamed Bouazizi는 노점상 단속으로 일자리를 빼앗겼다. 그의 상실감과 분노는 분신자살로 이어졌고, 자국 청년이 자살하게 된 경위는 튀니지 국민의 많은 공감을 불러냈다. 높은 실업률과 경제난 그리고 커지는 빈부격차 등 대부분의 튀니지 사람들이 공통적으로 겪고 있는 일상의 어려움이 그들을 거리시위에 참여하게 만들었다. 2010년 말 발생한 튀니지의 시위를 기점으로 리비아, 바레인, 시리아, 예멘, 이집트 등지에 민중시위가 연이어 발생하였다. 아랍 역내 시민은 자신의 생활고 원인이 정부의 무능함 및 지도자의 장기 집권에 있다고 생각했다. 그들은 정부를 더 이상 두려워하지 않고 더 나은 미래를 위해, 그리고 안정된 삶을 찾기 위해 시위에 참여했다. 30년 넘게 이어 오던 아랍 국가들의 독재 정권은 무너졌다.[2]

순차적인 독재 정권의 붕괴로 따뜻한 민주주의의 봄을 맞이할 것 같았던 아랍 세계는 10년이 지난 지금도 여전히 혹독한 겨울에 머물러 있다. 아버지의 뒤를 이어 시리아를 통치하는 바샤르 알아사드Bashar al-Assad 대통령은 아랍의 봄 이후 반정부군과의 대치를 이어 오며 정권을 유지하고 있다. 독재 정권이 붕괴되었던 리비아와 예멘은 정부의 부재와 내전을 겪고 있다. 이집트는 선거를 통해 새로운 정부를 구성했으나 헌법 개정 등의 문제로 다시 시위가 일어났고, 결국 쿠데타가 발발하여 현재는 군부가 정권을 잡고 있다. 아랍의 봄을 이끌었던 튀니지는 선거를 시행하여 지도자를 선출하고 있으나 시위의 원인이 되었던 경제난, 실업률, 빈부격차 등은 여전히 해결되지 않고 있다. 2020년부터 유행한 코로나19 팬데믹은 아랍 세계의 경제상황을 악화시키고 사회불안을 야기했다. 레바논, 알제리, 이라크 등지에서도 반정부 시위가 일어났다. 해결되지 않는 경제난과 사회문제 그리고 정부의 무능함 등으로 아랍의 봄은 여전히 현재진행형이다.

아랍 세계 시민의 공감과 참여로 발생한 아랍의 봄은 다양한 형태로 공유되며 대중과 소통해 왔다. 사람들이 가장 흔하게 소식을 접하는 TV, 신문과 같은 대중 매체뿐만 아니라 인터넷, 소셜 미디어 등의 뉴미디어를 통해 아랍의 봄에 대한 소식은 활발하게 공유되었다. 아랍의 봄에 대한 대중 매체 분석은 대개 TV 나 신문의 보도 혹은 인터넷과 소셜 미디어의 역할을 중심으로 진행되어 왔다. 학계는 아랍의 봄 당시 시위가 연속적으로 발생 하고 많은 시민이 참여하면서 정부가 빠르게 대응하지 못한 데 뉴미디어의 역할이 컸음을 주목하였다. 또한 외신과 위성방송사 의 발빠른 보도로 당시 상황에 대한 신속한 공유가 이뤄졌고, 국 가 혹은 언론사의 성격에 따라 동일한 아랍의 봄을 다룸에 있어 보도의 경향이 다르다는 것을 알 수 있었다.

대중 매체에서의 매체media는 정보를 전달하는 수단이자 도구 를 의미한다. 소리나 문자, 사실, 영상 등을 전달하는 모든 도구 가 매체에 속한다고 할 수 있는데 소리나 문자로 상대의 메시지 를 전하는 전화, 정보를 담아 수용자에게 전달하는 기록물, 감독 이나 제작자가 의도한 내용을 편집, 가공하여 내용을 전달하는 영화 또한 매체로 분류할 수 있다. 신문이나 TV 등의 매체가 정 보전달이나 현상, 사건의 기술에 초점을 맞추는 반면 영화라는 매체는 감독이나 제작자, 즉 만드는 주체의 의도가 많이 투영된 다. 어떠한 주제를 선정하고 특정한 관객층을 대상으로 이야기 를 전달하는 데 목적을 두기 때문에 작품을 만들 때 소요되는 시 간이 길고, 사실과 허구가 교차하는 현상도 발생하게 된다(이인 희 2012). 또한 사실의 전달, 보도에 집중하기보다 의도와 메시지 를 전달하는 종합예술적인 측면을 담고 있다. 그렇기 때문에 아랍의 봄을 다루는 대중 매체에 따라 이에 대한 묘사와 반영 또한 달라질 수밖에 없다. TV, 신문이 아랍의 봄에서 일어난 시위, 사람들의 반응, 정부의 대처 등 당시에 일어난 사건의 보도에 초점을 맞췄다면 영화는 아랍의 봄을 주제로 다양한 작품을 만들어 냈다. 감독, 제작자, 시나리오 작가가 어떠한 시선으로 아랍의 봄을 바라보고 해석했는지, 그리고 어떠한 사건이나 이야기를 다루고자 하는지 등에 따라 방향성이 달라지기 때문이다. 여기서는 아랍의 봄 직후에 제작된 영화를 중심으로 아랍의 봄이 어떻게 기록되고 사건이 재구성되었는지 분석을 시도해 본다.

2. 아랍 세계와 영화 산업

아랍 세계의 영화 산업은 19세기 말에 들어와 발전하기 시작했다. 비교적 일찍 독립 국가를 건설한 이집트를 중심으로 발전한 아랍의 영화는 초기에는 단편영화 중 특히 다큐멘터리 형식을 중심으로 발전했다(김중관 2020, 5). 이집트와 시리아 등지에서 군부가 정권을 잡게 되고 레반트[3], 마그립[4] 지역 일부 국가에 사회주의 체제가 도입되면서 영화 산업에 관한 관심은 더욱 증가하였다. 민간에서 주도하던 아랍의 영화 산업은 아랍 국가들이 독립하면서 정부에 귀속되었고, 국가의 정체성을 투영하는 도구로 활용되거나 아랍 민족주의 선전의 임무를 맡게 되었다(김중관 2020, 8). 예를 들어 아랍 세계의 영화 산업을 주도하던 이집트는 1959년 9월 29일 영화전문학교인 High Cinema Institute를 설립했으며, 1960년대에는 영화사들과 촬영소를 정부에 귀속시켰다(이명원 2007, 275). 이러한 영화 산업의 국유화 작업은 국가 세입의 증대와 국내 영화 산업의 발전의 계기가 되었으나 전반적인 촬영기술이 저하되는 원인을 제공하기도 했다(김중관 2020, 10-11).

영화는 매체로서 메시지 전달자의 역할도 하지만 예술의 한 장르로서 자율성을 가진다. 아랍의 영화 산업이 정부에 귀속된 이후로 영화의 주제나 제작 콘텐츠의 선정부터 통제를 받았으며 이로 인해 소재의 다양성을 잃게 되었다. 결국 아랍 세계 내 영화 산업의 성장을 방해하는 원인이 되었으며, 대중의 관심에서 멀어지는 계기가 되었다. 대중의 관심이 멀어지면서 정부의 관심도 식었고, 영화사와 촬영소에 대한 관리도 중단하게 되었다. 20세기 말 해외 영화의 인기로 인해 대중의 사랑을 받지 못했던 영화 산업은 21세기에 들어오면서 새롭게 재도약하게 되었다. 아랍 여성의 영화감독 진출로 인해 다루는 주제도 다양해지기 시작했다. 보통 해외 유학파 출신인 이들은 아랍 사회 내 여성, 가족 문제 등 기존에 잘 다뤄지지 않은 소재를 활용하면서 아랍의 상황을 여성의 시각으로 새롭게 풀어내어 여러 국제영화제의 환영을 받았다. 또한 영화 산업의 주 제작자의 세대가 교체되기 시작했다. 정부나 공립기관 혹은 외부 제작기관의 지원을 받는 젊은 영화 제작자들이 등장했다. 이들은 상업성을 떠나 자유로이 영화 주제를 선정하고 영화를 제작했다. 독립영화나 다큐멘터리 영화 제작에 관심이 많아진 젊은 감독들은 대부분 이중적 정체성을 가지고 있으며, 이전까지 금기시되어 온 주제를 과감히 영화로 제작했다(김중관 2020, 12-13). 세대교체 이후, 발전된 새로운 촬영 기법을 활용하여 아랍 사회에서 금기시되어 온 사회문제를 영화로 그려 낼 수 있게 된 것이다.

영화는 주제, 일화의 줄거리, 등장인물, 편집, 분위기 등에 따라 분류할 수 있으며 멜로, 코미디, 액션, 스릴러, 미스터리, 다큐멘터리 등으로 장르를 구분 지을 수 있다. 다큐멘터리 영화는 현실 세계의 소재를 다룬다는 점에서 다른 장르와 차이가 있다. 다큐멘터리라는 단어는 프랑스어 'Documentaire'에서 기원했으며 이 단어는 '기록'이라는 의미다. 다큐멘터리 영화는 어떠한 현상이나 대상을 있는 그대로 기록하는 데서 시작되었다(장해랑 외 2016, 454). 기록하는 데서 시작되었지만 다큐멘터리 영화 또한 영화이므로 그 사실을 기록하는 주체, 제작자의 의도가 담길 수밖에 없다. 기록하는 대상과 주제가 존재하며, 기록물은 정해진

분량 안에서 다시 편집되어 가공된다. 다큐멘터리 영화의 정의
는 제1회 다큐멘터리 세계연맹회의에서 찾아볼 수 있으며 그 내
용은 다음과 같다.

"다큐멘터리 영화란 경제, 문화, 인간관계의 영역에서 인간
의 지식과 이해를 넓히고 그 욕구를 자극하며 문제와 그 해결
책을 제시하기 위한 목적을 가지고 이성이나 감정에 호소하
기 위해서 사실의 촬영이나 진지하고 이치에 맞는 재구성을
통해 해석되는 사실의 모든 면을 영화화하는 모든 방법을 말
한다." (장해랑 외 2016)

즉 다큐멘터리 영화가 단순히 제작자가 기록한 바를 대중에게
상영하는 것이 아니라 제작자가 일정한 목적하에 기록을 진행하
고, 이를 재구성하여 대중과 공유한다는 것이다. 이를 관람한 사
람은 해석을 하고 관련된 문제에 관심을 가지게 된다.

다큐멘터리 영화가 지닌 이러한 특성 때문에 시대와 주제에
따라 다큐멘터리의 가치에 대한 논란이 있었으며 연출 방식의 시
류도 변화하였다. 영국 출신 감독인 존 그리어슨John Grierson은
다큐멘터리 영화 제작을 통한 사회의 변화와 계몽에 관심이 있었
다. 그는 제작자의 역할에 주목하면서 다큐멘터리 영화를 통해
정치·사회적 문제에 대한 관심을 환기시키고 이를 공론의 장으

로 활용할 수 있다는 것에 주목했다(계운경 2019, 19).

관객들은 다큐멘터리 영화를 관람하면서 생생한 현장감을 느끼고 기록된 사실을 체감하면서 주제가 되는 사안에 관심을 가지게 된다. 이러한 기능 때문에 아랍의 봄이 발생한 후 많은 수의 다큐멘터리 영화가 제작되었고 지금도 꾸준히 작품활동이 이어지고 있다. 정확한 통계치는 아직 존재하지 않지만 유명 영화 사이트인 IMDB에서 아랍의 봄을 키워드로 한 검색 결과를 보면 대부분이 다큐멘터리 장르의 영화임을 알 수 있다. 아랍의 봄이 발발한 지 10년이 넘은 지금도 이를 주제로 제작되는 다큐멘터리가 많다는 것은 아랍 안팎으로 이 현상에 대해 주목하는 사람이 많다는 것을 방증한다.

아랍의 봄 관련 다큐멘터리 영화를 주제에 따라 분류해 보자면 아랍의 봄 그 자체에 대한 기록, 지속되는 내전에 대한 기록, 극단주의 단체 이슬람 국가Islamic State of Iraq and the Levant, ISIL의 등장, 아랍의 봄으로 발생한 난민의 여정, 변화하는 사회에서 청년의 역할과 여성의 정체성 등이 있다. 즉 아랍의 봄은 아랍 세계에서 민중이 독재 정권의 타도와 민주화 그리고 평범하고 안정적인 일상생활에 대한 갈망을 기반으로 일어난 연쇄적인 시위이자 그 후의 여정이라고 할 수 있지만 다큐멘터리 영화 속에서는 다양한 부분을 보여 줄 수 있다는 것이다. 단순히 현상의 한 단면을 보여 주는 것이 아닌 감독이나 제작자가 중요하다고 생각하는 사회 문제를 중심으로 영화를 그려 낸다는 것이다. 즉 아랍의 봄이 단순한 정치·경제적 현상이 아니라 아랍 사회 내에 여전히 파급력을 갖고 많은 영향을 끼치고 있고 지속되고 있는 문제임을 이들은 알고 있다. 지속적인 다큐멘터리 영화 제작을 통해 이를 일반인에게 공개하여 사회적 문제를 상기시키는 것이다.

다음 장에서는 아랍의 봄 이후 제작된 다큐멘터리 중에서 중요 플랫폼을 통해 상영되어 일반 대중이 쉽게 접근할 수 있었던 두 작품을 소개한다. 두 영화의 시선과 구성 그리고 주제를 분석하여 아랍의 봄이 아랍 세계에서 가지는 의미에 대해 고찰해 본다.

3. 다큐멘터리 영화 속 아랍의 봄

1) 바레인 쉬아파 국민의 외로운 투쟁,
〈바레인: 어둠 속에서 외치다〉

아랍의 봄 발발 이후 같은 해에 알자지라Aljazeera방송이 바로 제작한 〈바레인: 어둠속에서 외치다Bahrain: Shouting in the Dark〉

는 아라비아반도에 위치한 작은 섬나라 바레인에서 일어난 아랍의 봄에 대한 다큐멘터리 영화다. 2011년 2월 바레인 왕국 수도 마나마에 있는 펄 로터리Pearl Roundabout에 수천 명의 사람이 참여했던 시위를 다루고 있는데 제목처럼 아랍의 봄이 발발한 다른 국가 이집트, 튀니지, 리비아 등에 비해 관심을 받지 못한 국가 바레인 국민의 움직임을 보여 주고 있다. 새벽 3시 시위대를 향해 총을 쏘고 있는 경찰의 모습과 체포를 강행하는 장면 등은 정부가 시민의 의견에 대한 존중이나 보호보다는 시위를 덮는 데 급급했다는 사실을 보여 주고 있다. 또한 걸프협력회의Gulf Cooperation Council, GCC 국가 내 왕정 간의 연대와 바레인 국민에 대한 억압을 알리기 위해 사우디아라비아가 군사적으로 개입하는 장면을 보여 주기도 했다.

바레인은 쉬아파 무슬림이 순니파 무슬림보다 더 많은 아랍 국가로 지배가문인 알 칼리파Al Khalifa는 순니파 무슬림이다. 대부분의 아랍 국가에서 아랍의 봄이 발발한 원인을 청년 실업률이나 심각한 경제난 그리고 지배층과 일반 국민의 불공평한 상황에서 찾을 수 있다면 바레인에서 시위가 일어난 원인은 지배가문과 쉬아파 무슬림 국민 간의 문제, 종파 간의 갈등과 불공평한 처우라고 할 수 있다. 바레인 국민들 또한 여느 아랍 국가의 시민들처럼 본인들이 가진 두려움을 깨고 정권 교체를 바라며 본인들의 목소리를 내려 했다. 그러나 이들에게 관심을 주는 사람은 없었다. 알자지라는 이 다큐멘터리의 서두에서 "아랍인에게 버려지고, 서구로부터 버려졌으며, 세계는 잊어버린 아랍 혁명에 관한 이야기"라고 본 영화를 정의한다. 즉 바레인 국민 또한 아랍의 봄 물결에 뛰어들었지만 같은 아랍인조차 이에 대한 인식이 부족했고, 연대하지 못했다는 것이다. 본 영화는 시위, 경찰 단속, 사우디 군대 진입 같은 사건의 실제 상황을 편집하고 정치활동가, 의사 등과의 비공개 인터뷰를 함께 교차해 보여 주어 바레인에서 일어난 아랍의 봉기를 생생하게 묘사하면서 이들의 외로운 투쟁을 느끼게 해 준다.

알자지라의 저널리스트 메이 Y. 웰시May Y. Welsh에 의해 기획되고 투키 로메아Tuki Laumea에 의해 편집된 이 영화는 2011년 8월 유튜브와 알자지라 웹사이트를 통해 처음 공개되었으며 아랍어, 페르시아어, 프랑스어 등 8개 언어로 번역되어 상영되었다. 아랍의 봄이 한참 진행되던 시기에 가장 많이 사용되는 영상 플랫폼 중 하나인 유튜브를 통해 공개되었기 때문에 넓고 빠르게 공유되었고, 이에 바레인 외무장관인 칼리드 알 칼리파Khalid Al Khalifa는 이 다큐멘터리를 제작한 사람은 바레인을 혐오하는 사람이 분명하다며 영화와 제작자를 비난했다. 본 영화가 바레인 국민에 의해서는 아니지만, 바레인에 거주하고 있던 알자지라 저널리스트에 의해 제작되었기 때문에 기록된 영상의 진위 여부를 논할 수는 없다. 그러나 제작자에 따라 영화의 시나리오를 구성하고 동일한 현상에 대해 묘사하는 방식이 다양하므로 바레인 정부로서는 당연히 기획 의도에 대해 강한 비판을 제기할 수 있었다.

2) 이집트 국민의 목소리의 집합소, 〈더 스퀘어〉

〈더 스퀘어The Square〉는 레바논 출신 미국인 지한 누자임 Jehane Noujaim에 의해 제작되어 2013년 개봉된 후 다수의 영화제와 넷플릭스를 통해 상영되었다. 가장 많은 구독자를 가진 OTTOver The Top 서비스 플랫폼을 통해 아랍의 봄과 관련된 다큐멘터리가 상영되었다는 것은 전례 없는 일이었고 현재도 거의 없는 사례이다. 이 영화는 전 세계 관객에게 좀 더 쉽고 자세하게 아랍의 봄에 대한 상황을 보여 준다. '광장'이라는 의미로 사용된 영화의 제목은 이집트에서 아랍의 봄이 시작된 장소, 즉 타흐리르 광장Tahrir Square을 의미하며 수많은 이집트인이 거리로 나와 자유와 정권 퇴진을 외치며 새로운 세상을 꿈꾸던 사건의 상징적인 주제어로 활용되었다.

이 다큐멘터리는 단순히 2011년에 일어난 아랍의 봉기만을 다루는 것이 아니라 2011년 호스니 무바라크Honsi Mubarak 대통령의 하야부터 2013년 무함마드 무르시Mohamed Morsi 대통령의 축

출까지 이집트 국민의 시위 과정을 시간 순서대로 다루고 있다. 2011년 1월 25일 이집트의 수도 카이로에 위치한 타흐리르 광장을 중심으로 확산한 아랍의 봄의 과정과 사회 내 변화 등을 세 명의 이집트인을 중심으로 풀어 나간다. 무슬림 형제단Muslim Brotherhood 단원인 마그디 아슈르Magdy Ashour, 혼혈 배우이자 정치운동가인 칼리드 압둘라Khalid Abdullah, 혁명 이후 활발하게 활동한 청년운동가 아흐마드 하산Ahmed Hassan이 다큐멘터리의 주인공으로 등장한다.

2011년 시위, 정부와 국민 간의 충돌, 정권의 퇴진, 새로운 선거 등을 통해 각자가 꿈꾸는 이집트의 유토피아가 다르지 않음을 보여 주고 희망적인 모습을 먼저 반영한다. 2011년 시위를 통해 기존의 대통령을 퇴진시키면 새로운 세상이 오고 표현의 자유가 생길 줄 알았던 시민들의 입장에서, 선거를 통해 선출한 새 대통령으로부터 또 다른 실망감을 느끼고 2013년 다시금 광장으로 나서는 시위자들과 여러 집단으로 나뉜 이집트 사회를 보여 준다. 아랍의 봄 이후 혼란을 겪고 있는 이집트 사회와 냉혹한 정치적 현실 그리고 이집트인의 절망을 제작자의 카메라를 통해 보여 주고 있다. 영화에서 청년 아흐마드가 말한다.

"지도자는 어떤 사람인가? 우리가 기다리는 건 우릴 통치하고 우리 위에 군림하는 지도자가 아니며, 그들이 해결책을 제공해 주길 바라는 것도 아니다. 이미 타흐리르로 나간 이집트 국민이 지도자라 생각한다. 지도자에게 바라는 건 양심이다."

결국 아랍의 봄을 통해 이집트 국민이 바란 건 단순히 새로운 지도자의 선출이 아닌 이집트 국민의 열망과 의견을 읽어 주고 양심적으로 정치를 이끌어 나갈 수 있는 지도자의 품성이었던 것이다. 2011년, 2013년에 일어난 두 차례의 시위를 중심으로 영화를 진행하면서 이들이 언제든 자신의 목소리를 내기 위해 광장으로 달려 나갈 수 있음을 또한 시사하고 있다.

4. 외부자적 시선에서 본 아랍의 봄

두 영화는 아랍의 봄과 연관된 내부자가 아닌 외부자의 시선에서 기획되고 제작된 다큐멘터리 영화다. 외부자의 시선에서 영화가 제작되었다는 것은 묘사하고자 하는 현상에 대해 좀 더 객관적으로 바라볼 수 있다는 것과 보여 주고 싶은 현상, 편집자의 의도를 담아 메시지를 재구성, 편집할 수 있다는 것을 의미한다. 아랍 지역과 관련이 있거나 정치·사회적인 현상에 대해 익숙한 이들은 다큐멘터리를 보더라도 이미 어느 정도의 지식이 있기 때문에 영화를 받아들이는 태도가 다르겠지만 영화의 특성상 이를 관람하는 사람은 대부분 일반인이다. 즉 아랍의 봄에 대한 다큐멘터리가 제작된다는 것은 이 현상을 일반인에게 좀 더 알리고 사회적인 문제로서 계속해서 공론화되길 원한다는 것이다.

아랍의 봄이 일어난 지 10년이 넘은 현재까지도 아랍의 봄을 주제로 계속해서 다큐멘터리가 제작되고 있음을 고려할 때 발발한 지 얼마 되지 않아 제작된 이 두 편의 영화는 바레인과 이집트에서 국민들이 새로운 세상을 꿈꾸며 주저하지 않고 뛰어들었던 시위의 현장과 그 후의 상황을 실제 영상과 인터뷰를 교차하는 방식으로 보여 준다. 촬영기법이나 방식에서 차이는 있으나 궁극적으로 보여 주고자 하는 것은 두 국가의 국민 모두 좀 더 나은 사회가 올 것이라는 희망을 가지고 시위에 참여했으며, 향후에도 필요하다면 세상을 바꾸기 위해 언제든 다시 시위에 참여하겠다는 그들의 의지다.

바레인에서 시위에 참가한 한 운동가는 아무도 알아주지 않지만 자신을 위해 어둠 속에서도 계속해서 움직일 수밖에 없으며, 이집트에서 시위에 참가한 사람 또한 꿈꾸는 그날이 올 때까지 계속 광장으로 나와 본인의 목소리로 자유를 외치고 있다. 아랍의 봄이 시작된 지 10년이 흐른 지금, 아랍 세계에 아직 따뜻한 봄은 오지 않았지만, 다큐멘터리의 마지막 장면들처럼 아랍 세계의 국민은 끊임없이 이상향을 실현하기 위해 전진하고 있다. 머지않은 미래에 그들이 꿈꾸는 세상을 만나 다큐멘터리로 제작되는 순간이 오길 기대해 본다.

주석

1 이 현상을 설명할 때 사용되는 용어는 본문에 쓰인 아랍의 봄 외에도 봉기(uprising), 시위(protests), 혁명(revolution), 민주화(democratization) 등 매우 다양하다. 여기서는 사건이 발생한 뒤부터 사용되었고 보편적으로 사용하는 용어인 아랍의 봄으로 본 현상을 통칭한다.

2 튀니지 대통령 자인 엘아비딘 벤 알리(Zine el-Abidine Ben Ali) 대통령은 사우디아라비아로 망명했으며, 이집트 대통령 호스니 무바라크(Hosni Mubarak)는 사퇴하였다. 예멘 대통령 알리 압둘라 살레(Ali Abdullah Saleh)는 권한을 부통령에게 위임하였고, 리비아의 지도자 무아마르 카다피(Muammar Gaddafi)는 수도를 떠나 피신했다가 결국 총격으로 사망했다(Aljazeera 2021).

3 이탈리아어 Levante에서 파생된 단어로 동쪽, 상승을 의미하며 보통 레바논, 시리아, 요르단, 팔레스타인 등이 있는 소아시아 및 고대 시리아 지역, 메소포타미아 문명권 지역을 지칭한다.

4 아랍어로 해가 지는 서쪽을 의미하며 북아프리카에 소재한 리비아, 모로코, 알제리, 튀니지 등의 국가가 포함된다.

참고자료

계운경(2019), 「공론장으로서의 다큐멘터리 영화와 그 구조변동으로
서 인터랙티브 다큐멘터리」, 『아시아영화연구』 12(1), 7-39.

김중관(2020), 「아랍 영상문화의 정체성과 미학적 특성 — 영화산업의
발전과정을 중심으로」, 『지중해지역연구』 22(2), 1-27.

노재현, 「'아랍의 봄' 발발 10주년… 중동 민주화는 아직 먼 길」, 『연합
뉴스』(2020.12.12.). https://www.yna.co.kr/view/AKR202012
12058500079?input=1195m (검색: 2022.07.05.).

이명원(2007), 「이집트 영화를 통해 본 이집트인의 의식구조 연구」,
『아랍어와 아랍문학』 11(1), 269-299.

이인희(2012), 『미디어는 왜 중요할까요?』, 나무생각.

임현석, 「'미완의 혁명' 아랍의 봄 10년… 민주화 사라지고 권위주의
득세」, 『동아일보』(2020.12.24.). https://www.donga.com/
news/article/all/20201224/104618075/1 (검색: 2020.07.05.).

장해랑 외(2016), 「다큐멘터리의 사실적 논쟁에 대한 역사적 연구」,
『예술인문사회 융합 멀티미디어 논문지』 6(5), 453-462.

Chughtai, A., "Timeline: How the Arab Spring unfolded," *Aljazeera*
(2021.01.14.). https://www.aljazeera.com/news/2021/1/14/
arab-spring-ten-years-on (search: 2020.07.05.).

5장

아랍의 봄과 쇼미더머니 수사학: 민중의 저항언어, 정치인의 설득언어

서정민
한국외국어대학교

아랍의 봄과 쇼미더머니 수사학:
민중의 저항언어, 정치인의 설득언어

1. 서론

아랍의 봄은 2010년 말 튀니지에서 발발하여 아랍 전역으로 확산한 시민혁명, 민주화 시위, 혹은 봉기를 일컫는다. 현재 아랍의 봄이 발발한 지 10여 년이 지났음에도 불구하고 해당 사건에 대한 평가는 엇갈린다. 일반 민중에 의한 자체 평가는 독재와 억압에 맞선 민주화 운동이나, 해당 봉기가 발발한 각 국가의 정부에서는 반정부 반란 혹은 폭동으로 규정하고 있다. 이러한 시각의 차이는 아랍의 봄이 진행되는 동안 일반 시민과 정부 간의 설전 혹은 언쟁battle of words에서 확연히 드러나고 있다. 이는 마치 힙합 문화 중 하나인 상대를 디스disrespect하는 문화를 대중에게 광범위하게 소개한 힙합 서바이벌 프로그램인 쇼미더머니를 연상시킨다. 상대방을 디스하는 랩은 흑인의 저항의식에서 비롯되었다고 알려져 왔다. 그 방식은 두 명의 래퍼가 각자 가장 솔직한 표현으로 상대방을 비난하는 담화를 주고받음으로써 본인들의 주장을 정당화하는 것이다. 이는 언어와 음악을 사용하여 각자의 목적을 가장 적나라하게 표출하는 방식이라고 볼 수 있다.

이 장에서는 아랍의 봄을 이끈 민중이 자신들의 주장을 어떻게 표현해 왔는지, 이러한 주장에 대해 해당 국가들의 정부 측에서는 어떠한 방식으로 민중을 설득해 왔는지 '언어'를 통해 살펴보고자 한다. 해당 언어에 대한 자료는 아랍의 봄이 진행되는 동안 혁명의 주체인 시민과 혁명의 객체인 정부 측에서 사용한 신조어다. 신조어는 시위가 진행되는 동안 시시각각으로 변화하는 사회상을 가장 충실하게 반영한 도구라고 볼 수 있다. 그 외에도 혁명의 목적을 표현하는 가장 직접적인 방식 중의 하나인 정치 구호를 분석함으로써 아랍의 봄이라는 역사적 사건에 대한 반정부 측과 정부 측의 입장 차이를 살펴보고자 한다. 즉 정치 구호를 통해 양측이 어떠한 방식으로 각자 지향하는 목표(즉, 사회 변화와 개혁 대對 현상 유지와 안정)를 효과적으로 실현해 왔는지 분석한다. 이러한 의미적인 분석 외에도 신조어 및 정치 구호에 사용된 언어 변종(즉, 문어체 아랍어 대對 구어체 방언) 및 층위를 살펴봄으로써 반정부 측과 정부 측이 어떻게 자신들의 정체성을 표출해 왔는지에 관해 조망한다.

2. 하나의 사안, 두 개의 시선: 신조어를 통해 조망한 시위대와 정부의 언어 대결

아랍의 봄이 진행되는 동안 새로운 어휘나 표현이 만들어지기도 했으나, 그보다는 기존의 어휘가 의미적인 변화를 겪으며 새로운 의미를 지니게 되는 경우가 더 빈번히 발생했다. 가장 대표적인 예로는 시리아에서 사용된 샵비흐shabbīḥ(복수형: 샵비하shabbīḥa)와 동일한 의미로 이집트에서 사용된 발따기야balṭagiyya라는 용어다. 두 용어는 반정부 시위대 측에서 사용되었으며, 시위대를 공격하기 위해 정부에서 고용한 (정치)폭력배를 의미한다. 샵비흐shabbīḥ는 원래 아랍어에서 '유령' 혹은 '귀신'이라는 뜻을 지니고 있으나, 시리아 내에서는 1994년 당시 광고에서 유행했던 고급 자동차 모델을 가리키는 용어였다. 해당 자동차를 당시 시리아 내의 범죄 집단 구성원이 애용했기 때문에 샵비흐shabbīḥ라는 용어는 마피아와 같은 범죄 집단이나 자신들의 이익을 위해 권력이나 폭력을 휘두르는 이익 집단에 관여하는 사람을 일컫는 용어로 바뀌면서 의미상 변화를 겪었다. 이집트의 발따기야balṭagiyya라는 용어도 이와 마찬가지로 현 정권에 저항하는 반정부 시위자들을 공격하도록 고용된 조직폭력배, 혹은 정치깡

패의 의미로 사용되고 있다.[1]

이 같은 예시에서도 알 수 있듯이, 반정부 측에서는 해당 지역 방언을 사용하여 기존의 어휘가 지니고 있던 의미를 시위의 상황에 맞게 변경 또는 추가함으로써 민중의 호응과 적극적인 시위 참여를 이끌어 내는 담화 전략을 사용해 왔다.

이에 반해 정부 측에서 반정부 시위대를 비난하기 위해 사용했던 대표적인 용어로는 파으라fawra가 있다(Neggaz 2013, 20). 해당 용어는 '혁명'을 의미하는 아랍어 단어인 싸으라thawra의 첫 번째 자음을 교체함으로써 본래 단어의 의미와는 전혀 다른 의미를 지니게 되었다. 파으라fawra의 원래 의미는 단시간에 차 혹은 커피 등이 끓어오르는 상태를 의미한다. 이러한 상태는 정부의 시선에서 보는 반정부 시위대의 특성이다. 더불어 해당 용어의 이면에는 시위대를 폄훼하고자 하는 정부의 의도가 숨어 있다. 이러한 의도는 시위대가 뚜렷한 목표 없이 군중심리에 부화뇌동하여, 정부 정책에 무조건 반대하고 법을 무시하는 무질서한 집단으로 규정하는 것을 뜻한다. 정부의 시각에서는 대부분의 시위자는 스스로 결정할 능력이 없고, 단지 일시적으로 끓어오르는 냄비근성을 가지고 있다고 보는 것이다. 이는 보통 전제 군주 혹은 독재자들이 가지는 특정한 관점인데, 즉 시위와 같은 소요 사태에서는 단순히 현재의 상황만 넘기거나 진압하면 된다는 시각이 파으라fawra라는 용어에 전반적으로 내재되어 있다고 볼 수 있다. 정부는 해당 용어를 반복적으로 사용하고 언론을 통해 자신들의 특정 시각을 보도함으로써, 시위에 참여하지 않거나 시위 참여를 결정하지 못한 시민을 회유하고 설득하기 위한 전략을 사용했다고 분석된다.

반정부 시위대 측에서는 이러한 정부의 전략이 소수의 집단에서 어느 정도 효과를 발휘했다고 보는데, 이러한 집단에 속한 사람을 일컫는 용어로 라마디ramādiyy(회색분자)라는 용어를 사용하는 것에서 이를 엿볼 수 있다. 라마디ramādiyy는 원래 색깔을 나타내는 용어이나, 정부 측에도 반정부 측에도 서지 않는 집단을 일컫는 용어로 사용되었다. 이 용어는 정부 측보다는 반정부 측에서 사용되었는데, 이는 노선을 확실히 정하지 않고 혁명에도 가담하지 않으며 침묵을 지키는 일부 집단을 비난하기 위한 목적이었다. 될 수 있는 한 다수의 시민을 혁명에 참여시키고자 하는 반정부 시위대의 의지가 해당 용어를 통해 드러났다고 볼 수 있다.

회색분자를 넘어 정권을 옹호하고 정부의 입장을 선전하는 역할을 하는 사람에 대한 용어도 생겨났다. 해당 용어는 '나팔'이라는 의미를 가진 부끄būq(복수형: 아부와끄'abuwāq)에서 의미가 변형되어 '정권의 나팔수'라는 의미를 지니게 되었다. 정부를 지지하고 정부의 방침에 적극적으로 협조하는 자들에 대한 비난의 의미로 해당 용어가 사용되었다. 이와 비슷한 의미를 지닌 용어로 시리아에서는 민힙바크지^{minḥibbakjī}(Bader Eddin 2018, 148-149, 194)라는 신조어도 생겨났는데, 이는 '우리는 바샤르 알아사드^{Bashar al-Assad}를 사랑하는 사람'이라는 뜻으로 느힙바크^{nḥibbak}(우리는 당신을 사랑한다)라는 문장과 jī(~하는 사람)이라는 접미사가 결합해 생겨난 신조어다.

이처럼 아랍의 봄이 진행되는 동안 나타났던 신조어는 기존의 어휘에서 의미가 변화되거나, 일부 자음이 교체되어 새로운 의미를 나타내기도 하지만, 기존의 어휘나 문장이 결합되어 완전히 새로운 어휘가 생겨나기도 한다. 해당 신조어에서는 문어체 아랍어와 구어체 방언이 골고루 사용되고 있는데, 이는 신조어 자체가 보통 단일 단어로 이루어져 있고, 양 변종에서 동일하게 사용되고 있는 경우가 많기 때문인 것으로 보인다. 민힙바크지^{minḥibbakjī}와 같은 구어체 아랍어 사용에는 개인이나 집단이 공유하는 내밀한 감정을 좀 더 솔직하고 명확하게 표출하기 위한 의도가 두드러지게 나타난다.

3. 민중의 저항과 요구, 그리고 정부의 경고와 회유: 정치 구호에 반영된 아랍인의 정체성

신조어와 더불어 민중의 혁명 정신, 저항의 의지가 가장 잘 표출된 언어적 기제는 정치 구호다. 아랍의 봄 당시 반정부 시위대에 의해 가장 빈번하게 사용된 구호는 "이르할!'irhal!"이었다. "떠나라!" 혹은 "하야하라!"라는 의미를 가진 이 구호는 명령형을 사용한 직설적인 표현으로 통수권자에게 자리에서 물러날 것을 직접적으로 요구하고 있다. 해당 용어는 아랍의 봄이 발발한 튀니지에서 가장 먼저 사용되었는데, 이때 사용된 용어는 아랍어가 아닌 "데가제!dégage!"라는 동일한 의미의 프랑스어 구호였다. 프랑스어가 튀니지의 민주화 운동에 사용되었다는 점은 해당 지역의 혁명이 엘리트를 중심으로 시작되었으며, 이는 또한 탑다운 방식top-down approach의 혁명이었음을 의미한다.

그러나 튀니지의 민주화 운동이 아랍 전역에 전파되면서 해당 용어는 문어체 아랍어 문장인 "이르할!'irhal!"로 번역되어 사용되었다. 정치 구호가 아랍 지역에서 공통적으로 사용되는 문어체 아랍어로 번역되었다는 점은 혁명 정신이 특정 지역이나 특정 국가에 국한된 것이 아니라 아랍 지역 전체에 전파되었다는 것을 의미한다. 이 정치 구호는 하나의 단어 혹은 문장으로 구성되어 있고 명령형의 형태를 취하고 있기 때문에 그 간결성과 함축성으로 인해 튀니지의 민주화 운동의 정신이 주변 국가로 신속히, 그리고 강력하게 전파되는 데 지대한 역할을 했다고 평가된다.

한 연구에 따르면, "이르할!'irḥal!"은 "키파야kifāya(충분하다)"와 함께 아랍의 봄 이전, 즉 2004년부터 이집트 청년들 사이에서 사용되어 온, 저항을 상징하는 정치 메시지였다(Srage 2013, 3). 해당 정치 구호는 꾸준히 소셜미디어와 인터넷에서 사용되어 왔고, 정부의 독재와 압제에 맞서는 저항의 기제로 활용되어 왔다. 이는 아랍의 봄이 특정한 사건을 계기로 갑자기 촉발되었다기보다는 장시간에 걸쳐 잠재되어 있던 민중의 저항의식이 응축된 결과물이라는 점을 시사한다.

"이르할!'irḥal!"과 함께 혁명을 이끈 유명한 정치 구호로 "알샤읍 유리드 이스까뜨 알니잠al-sha'b yurīd 'isqāt al-niẓām(국민은 정권 타도를 원한다)"을 들 수 있다. 해당 정치 구호는 직접적인 비난의 형태를 사용하고 있지는 않으나, 국민이 원하는 바를 간단하고 명확하게 밝힘으로써 현 정부에 대한 시위대의 요구와 목적을 드러내고 있다. 쉽고 간결한 문장이면서 문어체 아랍어의 형태를 취하고 있기 때문에 이 정치 구호의 앞부분인 "알샤읍 유리드al-sha'b yurīd ~(국민은 ~을 원한다)"는 여러 구호에 응용되어 사용되었다. 예로는 "알샤읍 유리드 이스티깔라트 벤 알리al-sha'b yurīd istiqālat Ben ʿAli[국민은 벤 알리Zine el-Abidine Ben Ali의 사퇴를 원한다]"(사회만 2017, 28), "알샤웁 유리드 일라즈 알자임al-shaʿb yurīd ʿilāj al-zaʿīm(국민은 지도자가 치료받고, 정신 차리기를 원한다)"(Al-Sowaidi et al. 2017, 627) 등이 있다. 해당 구호는 정치적인 문제뿐 아니라 경제적 사안에 있어서도 정부의 변화를 요구하는데, 이는 이집트 시위대에 의해 사용된 "알샤웁 유리드 타그이르 알따암al-shaʿb yurīd taghyīr al-ṭaʿām(국민은 음식을 바꾸고자 한다)"에서 드러난다(Ibid.). 이 구호는 단순히 정치적 변화뿐 아니라 경제적인 풍요, 복지를 요구하는 민중의 심리를 반영했다고 볼 수 있다. "알샤웁 유리드al-shaʿb yurīd ~"라는 구호에서는 불만을 표현하고 더 나은 삶을 요구하는 주체가 알샤웁al-shaʿb(국민)이라는 점에 주목할 필요가 있다. 민중은 구호의 맨 앞에 알샤웁al-shaʿb이라는 단어를 배치함으로써 더 이상 독재나 압제에 굴복하지 않고 주체적으로 저항을 계속하겠다는 의지를 드러내고 있다. 즉 저항의 주체는 평범한 대중이다. 이들은 아랍의 봄을 통해 스스로 지도자를 선택하고 적극적으로 정치에 참여함으로써 주권자로서 더 나은 미래를 주도적으로 개척하겠노라는 다짐을 내보이고 있다.

이와 같은 민중의 분노 표출과 정권 교체의 요구에 대해 튀니지, 시리아를 비롯한 대부분 아랍 국가의 지도자들은 정치 담화를 통한 대응을 해 오고 있다. 벤 알리와 바샤르 알아사드는 시위

참가자를 무장한 테러리스트로 규정하고, 이에 대해 경고하는 동시에 폭력 행위를 중지할 것을 촉구했다. 더불어 벤 알리의 경우, "언론의 자유, 국민과의 소통, 고용촉진 방안"(사회만 2017, 104) 등을 제시하며 시위를 잠재우고 시위대를 설득하려 했다. 이는 당근과 채찍을 동시에 사용하여 현 정권을 유지하고자 하는 집권자의 의도를 반영한다. 벤 알리와 달리 바샤르 알아사드는 시위대에 이를 조종하는 배후 세력(문닷쓰mundass, 복수형: 문닷씬 mudassīn)이 있다고 규정하며, 여타 아랍의 지도자들에 비해 훨씬 더 강력한 대응을 해 오고 있다. 바샤르 알아사드는 특히 '애국심'과 '국가 통합'을 내세워 국민이 자신의 정권 아래 결집할 것을 호소하며, 자신의 정통성을 강변하는 한편 독재정치를 합리화해 오고 있다(Gaber 2021, 243).

대국민 연설에서 사용되는 언어 변종은 한 가지로 규정되기 어렵다. 즉 문어체 아랍어와 구어체 방언이 공히 사용되었다고 볼 수 있다. 문어체 아랍어의 경우, 시위대를 테러리스트로 규정하고 그들의 행위에 대해 경고하는 등, 정부가 강력한 대응을 천명할 때 주로 사용되었다. 반면, 국민 전체를 대상으로 시위 중지를 호소하고 정치·경제적인 면에서 더 나은 미래를 약속할 때는 친근한 이미지를 부각하기 위해 주로 구어체 방언을 사용하였다. 즉 대통령 연설과 같은 정부 측의 담화에서는 특정 언어 변종을 정해 두고 사용하기보다는 상황에 따라 그에 맞는 효과적인 변종을 선택하여 이를 전략적으로 사용했다고 볼 수 있다.

4. 결론

아랍의 봄은 튀니지, 이집트, 시리아 등 어느 특정 국가에 국한되어 발생한 국지적인 사건이 아니라 전 아랍 국가에 영향을 미친 초국가적인 현상이었다. 이러한 현상으로 발전하는 데 있어서 '언어'가 중요한 역할을 했다는 점은 부인할 수 없다. 즉 언어가 혁명의 사회상을 반영해 왔고, 혁명의 과정이 언어에도 영향을 끼쳐 왔기 때문에 아랍의 봄과 언어는 상호 영향interactional을 주고받은 관계로 규정할 수 있다.

반정부 시위대와 정부, 양측 모두 자신들의 주장을 관철하기 위해 언어를 통해 일반 시민과 효과적으로 소통하고자 하였다. 이러한 소통 방식은 신조어 및 정치 구호에서 드러나는데, 아랍의 봄을 계기로 새로운 어휘와 구호가 생성되는 경우도 있었으나, 대개는 기존의 어휘가 의미적으로 변화하거나 기존의 구호중 일부 표현이 대체되는 등의 방식이 사용되었다. 시위를 이끄는 민중과 정부 양측은 아랍의 봄이라는 현실에 대한 그들 자신의 시각을 표현하는 새로운 소통 전략으로 신조어와 정치 구호를 사용해 왔다. 해당 신조어와 정치 구호는 문어체 아랍어와 구어체 방언으로 표현되었는데, 구어체 방언은 혁명 정신이 특정 지역이나 국가 내에서 급속도로 전파되면서 대중화(샤으비sha'biyy)하는 데 일조했다(Michel 2013, iv). 반면 문어체 아랍어는 민주화 의식이 어느 특정 지역에 국한되기보다는 아랍 세계 전체로 퍼져나가는 데 역할을 했다고 판단된다. 정부 측에서는 상황과 필요에 의해 문어체 아랍어와 구어체 방언을 적절히 사용하여 국민의 동의와 참여를 끌어내기 위해 노력했다.

아랍의 봄은 비단 아랍의 정치 상황을 보여 주는 단순한 정치 이벤트에 그치는 것이 아니라, 경제·사회·문화 등 아랍 사회 전반에 영향을 미친 사건으로 평가된다. 언어 측면에서는 쇼미더머니와 비슷하게 민중과 정부의 언어 대결을 보여 주는 장이었으며, 자신들의 의견을 관철하기 위해 창의적인 방식으로 언어 표현을 변용하고 실험하는 기회였다고 규정할 수 있다.

주석

1   샵비흐(shabbīḥ) 및 발따기야(balṭagiyya)라는 용어는 1980년 서울의
     봄 당시 반군부 시위대에 가공할 폭력을 행사했던 '백골단'과 유사한
     의미를 지니고 있다.

참고자료

사희만(2017), 『아랍의 언어와 정치』, 한국학술정보(주).

al-Sowaidi, B., et al.(2017), "Doing Politics in the Recent Arab Uprisings: Towards a Political Discourse Analysis of the Arab Spring Slogans," *Journal of Asian and African Studies*, 52(5), 621-645.

Bader Eddin, E.(2018), "'indamā hatafū lil-'abad: lughat al-thawra al-suriyya(그들이 끊임없이 구호를 외쳤을 때: 시리아의 혁명 언어)," Damascus, Syria: Mamdouh Adwan Publishing House.

Gaber, S.(2021), "Political Discourse of President Bashar al-Assad after the Syrian Revolution (Analytical Version)," *Journal of Humanities and Applied Social Sciences*, 3(4), 239-256.

Neggaz, N.(2013), "Syria's Arab Spring: Language Enrichment in the Midst of Revolution," *Language, Discourse & Society*, 2(2), 11-31.

Michel, N.(2013), "'irhal!: The Role of Language in the Arab Spring," *M.A. Thesis*, Washington, D.C.: Georgetown University.

Srage, N.(2013), "The Protest Discourse: The Example of 'irhal (Go/Get Out/Leave)," *Orient-Institut Studies*, 2, 1-15.

6장

문학과 정치:
아랍 소설에 재현된 아랍의 봄

김정아
한국외국어대학교

문학과 정치: 아랍 소설에 재현된 아랍의 봄

•——

1. 서론

'아랍의 봄'은 2010년 이래 중동 및 북아프리카에서 발발한 민주화 시위를 말한다. 민주화는 정치 체제에서 민주주의가 확대되는 과정을 가리키는데, 이런 민주화 시위에 등장하는 구호가 문학적 수사를 함유하는 것은 문학의 정치 참여이자 아랍 무슬림 사회에서 문학의 정치 기능을 반영하는 것이다. 이 글은 아랍 문학과 정치라는 주제 아래 소설에 나타난 아랍의 봄을 살펴본다. 우선, 아랍 문학이 정치에 관여했던 역사적 예를 제시하기 위해 자힐리야 시대부터 존재했던 시인의 정치 참여 사례를 살펴보고, 현대 소설에 나타난 이집트 혁명의 전조와 혁명 이후 소설에 나타난 국가폭력을 조명한다. 특히 소설에 나타나는 혁명을 다루기 위해 이집트 작가 알라 알아스와니'Alā' al-'Aswānī의 소설 『가짜공화국Jumuhūriyyah Ka'anna』을 논의 대상으로 삼는다.

2. 자힐리야 시대의 전통, 시인의 정치 참여

자힐리야(이슬람 이전) 시대 아랍 시詩는 이미 성숙한 형태를 갖추었고, 아랍 베두인들의 사랑을 받으며 그들의 생활 속 일부가 되어 있었다. 자힐리야 시대의 시인은 예술적 창작물인 시를 짓는 일 외에도 부족을 대변하고, 전쟁에서 날카로운 시어詩語로 적을 공격하는 등 다양한 기능을 수행했다. 이뿐만 아니라 시인은 예지력을 갖춘 점쟁이와 같은 역할을 했기에 가뭄이 계속되면 부족민을 위해 우물을 팔 위치를 찾고, 부족민의 앞날을 예언하는 등의 행위를 했다.

사람들은 시인에게 초자연적 능력이 깃들어 있다고 믿었기 때문에 적을 향한 시인의 조롱과 풍자를 저주로 여겼다. 시인은 한쪽 머리에 기름을 바르고 한쪽 어깨만 드러내고 한 발만 신을 신은 채 전투에 나가 상대 부족을 가리키며 저주의 시를 읊는데, 그래서 아랍어로 검지를 가리켜 알삽바바al-Sabbābah, 즉 '저주하는 자'라고 부른다(Cachia 2002, 2).

자힐리야 시대의 유명한 시인이자 장수였던 안타라 븐 샷다드 알압시'Antarah bn Shaddād al-'Abs'ī의 시를 통해 우리는 전투에 참여한 시인의 무용담을 잘 알 수 있다.

적의 무리가 서로를 부추기며 다가오는 것을 내가

보았을 때

모진 책망을 들을 필요도 없이 나는 그들을 상대로 싸웠다.

적들은 안타라를 소리쳐 부르고,

우물의 밧줄같이 긴 창들은 나의 검은 말을 찔렀다.

나는 말의 가슴과 목을 내세워 적들을 계속 공격했고

그로 인해 말은 피범벅이 된 옷을 걸치게 되었다.

(Cachia 2002, 6)

안타라의 이 시는 자힐리야 시대 전투의 참혹함을 잘 보여 준
다. 아랍어 원문으로 본다면 각 행의 끝에 운을 맞추어 통일성을
유지하는 각운脚韻을 확인할 수 있다. 시인이 직접 전투에 참여하
여 조롱의 말이건 날카로운 칼이건 간에 무기를 사용하여 상대
부족을 절멸하는 것이 당시의 관습이라는 것을 알 수 있다.

시인의 역할은 통치자가 개최하는 연회나 주요 행사에서도 빛
났다. 시인은 부족의 새로운 지도자에게 충성을 맹세하거나, 부
족장에게 칭송하는 시를 헌사하고 그 대가로 생계를 꾸려나가
는 일이 일반적이었다. 이렇듯 시인이 지도자를 향해 충성 맹세
나 헌시獻詩하는 것 자체가 일종의 정치적 행위라 볼 수 있다. 시
인은 대가를 얻고 지도자는 자신의 관대함을 보여 줄 수 있었는
데, 이를 통해 지도자는 세를 떨치고 권력을 더욱 굳건히 할 수

있었다. 지도자와 시인의 이런 관계는 묵시적인 관습이 되어 이슬람 이후에도 계속되었다. 초기 이슬람 시대 카읍 븐 주하이르 Kaʻb bn Zuhayr는 메디나의 무슬림 공동체에 충성을 맹세하고, 예언자 무함마드를 칭송하는 시를 최초로 지어 예언자 앞에서 낭송했다. 예언자 무함마드는 카읍 븐 주하이르의 시에 무척이나 감동하여 입고 있던 외투를 벗어 그에게 입혀 주었다는 일화가 전해진다.[1] 7세기에서 8세기 초까지 걸쳐 활동했던 자리르 븐 아띠야Jarīr bn ʻAṭīyah와 파라즈다끄al-Farazdaq의 시 경연은 아랍 문학사에서 가장 유명한 '시 대결'이자 부족 간 경쟁으로 여겨진다. 두 시인의 시는 언어의 전투가 칼이나 창보다 훨씬 상처를 크게 줄 수 있다는 것을 증명한다. 자리르와 파라즈다끄는 시를 통해 직설적으로 상대 부족을 비난했다. 두 시인의 경쟁은 마치 이 시대의 래퍼들 간의 대결과도 흡사하다. 래퍼들은 라임을 얼마나 능숙하게 활용하면서 상대를 흠집 내는 의미를 잘 전달하는가를 중요시한다. 시인들 역시 운율을 최대한 살리면서 얼마나 효과적으로 상대 부족을 비난하고 자기 부족을 칭송하는 의미를 전달할 수 있느냐가 능력으로 간주되었다. 자리르는 파라즈다끄의 부족이 과거 전투에서 상대 부족에게 수치스러운 패배를 겪었던 일을 들춰 공격한다. 그 당시에는 전투에서 획득한 전리품에 패배한 부족의 여성도 포함되었는데, 자리르는 이 점을 이용하여 파라즈다끄 부족 남성들의 성적 수치심을 한껏 공격한다. 그는 파라즈다끄의 부족이 전쟁에서 패배한 원인이 남성들의 힘이 약해서이고, 이는 부족의 여성을 보호하지 못한 결과를 가져왔다고 비난한다. 그뿐만 아니라 파라즈다끄 부족의 남성은 평소에도 여성에게 성적인 만족감을 주지 못한다고 공격한다.

> 라하짐 부족이 여자들과 놀아날 때
> 소변 냄새 가득 풍기면서
> 포로 신세가 될 것을 두려워하며 울던 저녁
> 짐 더미와 마구 속에 드러누운 채.
> 무자시 부족이 남자의 모습을 하고 있되
> 남자가 아니었다는 점을
> 피하려 들지 말게
> 여자들은 하이에나처럼 지친 남자들을 경멸한다네
> 그리고 삼 일 밤을 소처럼 울어 댄 그들의 축 늘어진 성기를.
> (Cachia 2002, 20)

자힐리야 시대 아랍 베두인은 알무루아al-Murū'ah를 최고의 덕목으로 여겼다. '무루아'는 남성성, 용맹함, 인정, 자비로움 등으로 해석되고, 특히 자힐리야 아랍 시詩에서 많이 사용되었다. 이 전통은 이슬람 이후에도 이어졌다. 따라서 아랍 남성에게서 무루아가 부족하거나 훼손되면 그것은 상당히 큰 수치로 간주된다. 자리르의 이 시는 파라즈다끄 부족에게 패배를 안겨 주었던 라하짐 부족의 남성성을 한껏 치켜세우고 반대로 파라즈다끄 부족이 전투에서 패하는 것은 물론이고 남성 구실을 제대로 하지 못한다고 묘사함으로써 파라즈다끄와 그 부족에게 굴욕을 안겨 준다. 자리르는 파라즈다끄와의 시 경쟁에서 이런 비난의 내용에 아랍어 수사를 최대한 활용하여 자신의 언어 구사력이 얼마나 탁월한지 증명하고 부족 내 시인으로서 명성을 쌓는다.

이슬람 도래 이전부터 아랍 사회에서 시인은 시를 통해 정치에 깊숙이 관여했고, 이런 전통은 이슬람 도래 이후에도 이어졌다. 압바스 시대 유명한 시인 알무타납비al-Mutanabbī, 아부 누와스Abū Nuwās, 알마아르리al-Ma'arrī와 같은 이들 역시 당시 정치적 사안에 대한 자신의 견해를 시에서 은유적으로 표현했다. 당시 사람들은 시를 암송하고 즐기며 시인들이 시구 하나하나에 새겨둔 정치적 풍자와 문학적 유희를 한껏 즐겼다. 9세기 압바스 시대 산문작가 알자히즈al-Jāḥiz는 『수전노』에서 무으타질라[2]의 논증을 이야기의 근간으로 삼았고, 아랍 무슬림과 비아랍 무슬림 간의 대립을 행간에 두어 풍자로 승화했다. 10세기 작가 알하마다니al-Hamadhānī 역시 군주 사이프 알다울라Sayf al-Dawlah에 대한 칭송의 마까마를 다섯 편 지었고 오늘날까지 이 다섯 편은 그의 마까마 전집에 수록되어 전해진다.

현대 아랍세계에서 시는 민중의 요구를 전달하는 대표적 수사로 역할을 한다. '아랍의 봄'으로 대표되는 민주화 시위에서도 시위대의 구호에 시구절이 인용된다. 레바논 시인 샤우끼 바지으 Shawqī Bazīʿ는 알자지라Aljazeera와의 인터뷰에서 "만약 국민이 삶을 원한다면, 운명은 이에 답해야 한다"라는 아부 알까심 알샵비 Abū al-Qāsim al-Shābbī의 시구절을 언급하면서, 이 구절은 아랍 혁명의 아이콘이 되었다(Aljazeera, 2011.10.01.)고 지적한 바 있다. 사실 이 시구절은 '삶의 의지'라는 까시다[3]의 도입부로, 튀니지의 국가에도 사용되었다. 다수의 아랍 국가에서는 1950년대부터 수차례 혁명이 있었는데, 아랍인들은 시위 현장에서 상황에 적절한 시구절을 인용해 구호를 외쳤다. 아랍의 봄 세대 역시 소설과 시를 비롯한 문학작품에서 자유와 존엄을 주장하는 구호의 영감을 얻었다.

2. 소설에 나타난 '아랍의 봄'

1) 『야쿠비얀 빌딩』을 통해 본 혁명의 전조

이집트 출신의 알라 알아스와니는 21세기 아랍의 대표작가

중 한 사람이다. 그는 2004년부터 시작된 민주화를 위한 키파야 운동[4]에 적극적으로 동참하고, 2016년부터 현재까지 독일의 *Deutsch Welle Arabia*에 정기적으로 기고 중이다. 그는 이런 일련의 활동을 통해 이집트 정치와 사회의 부조리를 신랄하게 비평한다. 또한 자신의 비평과 견해를 바탕으로 문학작품에 정치적 사건을 다루고, 사건을 통해 캐릭터를 깊이 있게 그린다. 2022년 현재 뉴욕에 거주하면서도 인터뷰나 기고문을 통해 끊임없이 이집트의 현 정권을 비판한다. 그는 한 인터뷰에서 자신을 이집트에서 '추방된 자'라고 표현한 바 있다. 이집트 정부가 자신을 공식적으로 추방 결정한 것은 아니지만 자신이 가족과 이집트에서 사는 것에 큰 어려움을 느끼고, 그곳에서의 삶이 위험하다고 판단하여 미국으로 이주했다고 한다.[5] 그는 2002년 소설 『야쿠비얀 빌딩』을 발표했고, 이 작품으로 아랍 지역과 프랑스, 독일, 이탈리아, 그리스 등지에서 굵직한 문학상을 수차례 수상했다. 국내에도 아랍어에서 한국어로 번역본이 출간되었다.[6] 그는 2007년 소설 『시카고』, 2013년 소설 『자동차 클럽*Nādī al-Sayyārāt*』, 2018년 소설 『가짜 공화국』, 2019년 에세이집 『독재 증후군*The Dictatorship Syndrome*』을 출판했다.

문학과 정치의 관계에 대해 에드워드 사이드Edward W. Said는 "문학비평은 역사와 정치 상황의 산물이고, 그러므로 문학비평은 현실에 더 많이 오염되어야 한다"(사이드 2015, 14-15)고 말한다. 비평뿐 아니라 소설은 정치적 상황과 늘 밀접한 관계에 있다. 게오르그 루카치Georg Lukács가 1920년 『소설의 이론』을 발표하게 된 배경이 1차 세계대전이 발발한 뒤 "세계 상황에 대한 지속적인 절망"(루카치 1995, 8)이었다는 점을 보아도 이를 알 수 있다. 아랍 문학 역시 정치적 사건이나 역사 인식과 불가분의 관계에 있다. 2차 세계대전 말인 1945년 아랍연맹이 결성되고, 1948년 이스라엘 건국, 1956년, 1967년, 1973년 세 차례에 걸친 중동전쟁, 1952년 이집트 혁명 등 아랍세계의 근대사에서 역사적 사건들은 일련의 정치적 흐름 속에서 이해할 수 있다. 그리고 이런 사건들은 아랍 문학작품의 출생에 자양분이 되었다. 특히 소설이 문화 매체로서 그 기능을 더 충실히 하게 되었다.

1967년 대對이스라엘 전쟁의 패배는 전 아랍세계에 좌절과 분노를 가져왔다. 아랍 작가들은 상징을 활용한 부조리 작품을 쓰게 되었고, 대표적으로 나집 마흐푸즈Najīb Maḥfūẓ의 단편 소설 『버스정류장 아래서Taḥt al-Miẓallah』를 들 수 있다. 이 작품은 비 내리는 날 버스정류장 처마 아래 모인 사람들 이야기다. 그들 앞에 구타와 살인 등 사건이 일어나는데도 사람들은 비에 젖는 것이 두려워 처마 밑을 벗어나려 하지 않는다. 그들은 사건을 보고도 모른 척하고, 길 건너 있는 경찰들 역시 아무것도 못 본 척한다는 내용으로 사람들의 무관심과 부조리를 지적한다. 이 작품은 아랍 국가들과 팔레스타인, 이스라엘과 미국 등의 정치적 역학관계 속에서 자국의 이익을 위해 누구도 선뜻 잘못과 불의를 바로 잡겠다고 나서지 않았던 당시의 정치 상황을 반영한 부조리 작품이다.

21세기 들어 아랍세계가 직면하고 있는 가장 큰 이슈는 '아랍의 봄'이다. 알아스와니는 이집트의 현실과 역사적 상황을 잘 인식하고 있다. 그런 인식을 통해 그는 자신의 작품에 캐릭터를 그려 낸다. 그는 아랍의 봄 그리고 『가짜 공화국』과 관련한 인터뷰에서 "문학은 현재 상황을 바꾸는 정치적 도구로 직접 활용되지는 않지만, 더욱 중요한 일을 해낸다. 그것은 사람이 세상을 보는 시각을 바꾼다는 것이다"(Global Encounters, 2020.12.23.)라고 밝힌 바 있다. 『야쿠비얀 빌딩』과 『가짜 공화국』은 모두 이집트 사회가 안고 있는 부정부패, 권력의 남용, 인권유린 문제 등을 고발한다. 또한 빈부의 차이, 절망적인 현실, 종교를 가장한 위선, 시민 봉기에 관여하는 인물 등을 다루고 있지만 『야쿠비얀 빌딩』은 아랍의 봄 이전의 것이고 『가짜 공화국』은 아랍의 봄 이후의 것이라는 차이가 있다.

소설 『야쿠비얀 빌딩』은 1990년 제1차 걸프전쟁을 배경으로 카이로 시내의 야쿠비얀 빌딩에 거주하는 다양한 인간군상에 관한 이야기다. 야쿠비얀 빌딩 1층은 과거 화려한 유럽풍의 일류 상점들로 채워져 있었으나 이제는 그 기억만 간직하고 있다. 그곳의 저층에는 과거의 상류층이었던 사람들이 거주하고, 옥탑에는 빈

민층이 거주한다. 원래 옥탑에는 빌딩에 거주하는 가구당 한 개씩 배당된 창고가 있었는데, 도시 인구가 늘고 값싼 거주지가 필요해지자 옥탑의 창고에 부엌과 화장실을 넣고 임대한 것이다.

야쿠비얀 빌딩이라는 공간은 마치 영화 〈설국열차〉처럼 인간 사회의 축소판이라고 할 수 있다. 이 빌딩 수위의 아들인 '타하'는 옥탑에 거주하며 경찰대학에 입학할 꿈에 부푼 젊은이다. 그의 성적은 경찰대학에 입학하기에 충분하다. 그는 옥탑에 거주하는 소녀 가장 '부사이나'와 은밀히 사귀는 사이다. 하지만 타하는 수위의 아들이라는 이유로 경찰대학 최종면접에서 탈락하고, 대통령에게 보낸 탄원서를 경찰서장의 사무실에서 되돌려받는다. 그는 카이로대학교에 진학하나 그곳에서도 신입생 간의 빈부격차를 느끼고, 학교의 대우에도 차이가 있음을 깨달은 후 이슬람 단체에 합류한다. 그는 반정부 시위를 벌이다가 군인들에게 체포당하고 끌려간 장소에서 구타와 성폭행을 당한다.

"이봐, 타하. 사람도 성실해 보이고 집안도 멀쩡해 보이는 사람이 어쩌다 이런 짓을 한 건가? 지금 자네한테 무슨 일이 일어났는지 아나? 아직도 모르겠나? 자네 아직 된맛을 제대로 못 봤어? 그 군인들에 대해 알고 있기나 해? 그 사람들은 오밤중까지 자네를 두들겨 패고 난 뒤 집으로 돌아가서 태연히 밥을 먹고 잠을 자. 교대 조가 와서 날이 새도록 자네를 때

리고 퇴근을 하면 오전 조가 와서 오밤중까지 패는 거지. 그
렇게 계속 가는 거야. 네가 맞아 죽으면 네가 지금 서 있는 바
로 그 자리에 묻어 버려. 우리에게는 별일 아니야. 타하, 넌
우리 상대가 못 돼. 우리는 정부야."

(223, 소설의 본문 인용은 이하 쪽수로만 표기한다.)

이렇듯 알아스와니는 무바라크 치하의 독재 정권에서 자행되
는 국가폭력을 담담히 묘사한다. 그뿐만 아니라 이 소설에서는
무바라크 정권하 부정부패의 실상을 고발하고, 이집트 국민의
정권에 대한 불신과 좌절감을 사실적으로 묘사한다. 소설 속 인
물 '카말 알풀리'는 국회의원이며 당내 인사권을 행사하는 권력
자다. 그는 사업가인 '핫즈 앗잠'으로부터 거액의 뇌물을 받고 그
가 국회의원이 되도록 돕는다. 핫즈 앗잠은 국회의원이 된 후 카
말 알풀리에게 뇌물의 액수를 낮추려고 협상을 제안한다. 하지
만 카말 알풀리는 핫즈 앗잠의 과거 부정한 비밀 파일을 꺼내 보
이며 자신의 뒤에 '어르신'이 있다고 언급한다. 권력자는 시민에
대한 정보를 쥐고 이를 대가로 뇌물을 요구하고, 부정부패의 정
점에는 권력의 최고위층이 있음을 암시한다. 이렇듯 독재와 부
패한 정권 아래 이집트 국민은 자신들이 느끼는 좌절을 타파하
려 시도하고 민주주의에 대한 열망을 키운다. 이집트 시민의 삶
을 사실적으로 기록한 『야쿠비얀 빌딩』은 2011년 1월 이집트 혁

명이 일어날 수밖에 없었던 이집트의 상황에 대한 전조를 기록한
작품이다.

2) 『가짜 공화국』에 재현된 아랍의 봄

2018년 베이루트에서 출간된 소설 『가짜 공화국』은 2011년
1월 이집트 혁명을 중심으로 혁명에 참여하거나 반대하는 인물
의 개인사를 보여 준다. 혁명에 참여하는 인물은 자신이 혁명에
가담하게 된 여러 과정을 통해 사건을 겪고, 이별을 경험하게 된
다. 『가짜 공화국』 속에서 인물은 각자 혁명을 대하는 태도와 혁
명 이후 변모하는 과정을 드러낸다. 소설 속 인물은 남성과 여성,
권력자와 시민, 구세대와 신세대, 무슬림과 콥트 기독교도, 부자
와 가난한 자 등 다양한 지점에서 다르다. 하지만 그들 모두는 혁
명에 연관되어 있다.

소설의 대표 인물로는 무바라크 정권의 국가보안국 수장인 '아
흐마드 일와니' 장군, 콥트 기독교 예술가 '아슈라프 위싸', 무슬
림 지도자 '셰이크 샤밀', 시위 중 진압대 군인의 총에 사망하는
의대생 '칼리드'[7], 칼리드의 연인이자 일와니 장군의 딸 '다니야',
칼리드의 아버지 '암무 마다니', 시멘트 공장 노조원이자 키파야
운동의 주역인 '마진', 마진의 연인으로 시위 현장에서 붙잡혀 성

고문을 당하는 '아스마' 등이 있다. 특히 아스마와 칼리드는 혁명에 가담했다는 이유로 국가폭력의 희생자가 된다. 일와니 장군이 수장인 국가보안국은 시민을 감시하고 통화를 도청하며, 내키는 대로 시민을 구속하고 고문한다. 바로 이런 불법과 부정 그리고 탄압이 혁명이 발생하게 된 이집트 사회의 분위기를 보여준다.

2011년 이집트 혁명은 무바라크의 하야로 완수된 것처럼 보였지만, 이집트인이 현재에도 당면하고 있는 미완의 과제로 실재實在한다. 역사적 사건을 소설에서 재현하는 일은 "적합성과 의미를 매개로 구현되는데"(김한식 2011, 236), 이때 가장 중요한 부분은 역사적 사건을 단지 모방하는 것이 아니라 그 사건에 개연성과 필연성이 갖춰져야 하고, 서사의 줄거리가 이루어져야 한다는 것이다. 소설『가짜 공화국』은 73장에 걸쳐 인물의 이야기가 반복된다. 그러나 41장 '사미라 이브라힘' 외 두 여성의 피해자 증언, 51장 '루브나 다르위시' 외 두 여성의 피해자 증언이 서사와 다른 결로 삽입되어 있다. 이와 관련하여 무함마드 바크리 Muḥammad Bakrī는 "이 소설은 다큐멘터리적 차원으로도 읽힐 수 있다. 작품 후반부에 실제 인물의 증언이 들어 있고, 문서에서 실제 사건을 회상하게 되기 때문이다"(Bakrī 2019)라고 밝힌 바 있다. 이 소설의 주인공으로 간주되는 아스마는 마진과 21개의 장에 걸쳐 이메일을 주고받는다. 이상 언급된 장들은 모두 글자를 굵게 표시해서 나머지 장들과 구분한다. 특히 41장과 51장은 증언 형식인데, 피해자가 언제, 어디서, 누구에게, 어디로 끌려가 어떤 고문을 당했는지 매우 상세하게 기록되어 있다.

『가짜 공화국』은 다중시점을 사용한다. 각 장에서 인물들의 이야기가 펼쳐질 때는 주로 3인칭 시점을 사용하고, 아스마와 마진의 이메일, 피해자 여성들의 증언에서는 1인칭 시점을 사용한다. 이런 형식은 하나의 사건에 대해 여러 인물이 이야기하는 다중시점과는 다른 결을 보이는데, 이는 알아스와니가 자신의 문학적 기법을 보여 주는 방법이기도 하다. 이런 방법은 혁명 전후를 관찰하는 시선의 다각화로 서사를 풍성하게 한다. 알아스와니는 서사 진행 과정에서 시점이 서사를 주도하게 하고, 인물 간 관계와 내면의 변화를 상세히 보여 준다.

1981년부터 이집트를 30년간 집권한 무바라크가 2011년 이집트 시민혁명으로 인해 하야한다. 그가 통치하는 동안 자신의 정권 유지를 목적으로 이집트 국민에게 어느 정도의 폭력을 행사했는지 이 소설을 통해 알 수 있다. 폭력은 심리적 폭력과 물리적 폭력을 모두 포함한다. 국가권력의 경우, 강제적으로 구성원의 복종을 유도하는 과정에서 개인의 행위를 제약하는 이슬람 종교를 배후에 둠에 따라 가시적이고 물리적인 폭력은 물론이고 비가시적인 종교폭력과 공모관계를 이룸으로써 더 큰 영향력을 발휘한다(김현아 2015, 12). 소설 『가짜 공화국』에서는 일와니 장군이 국가폭력의 상징으로 드러난다. 셰이크 샤밀은 무슬림 종교 지도자로서 이집트 국민에게 큰 영향을 미치는 인물이지만 일와니 장군의 기호에 맞게 사건을 해석하고 파트와[8]를 내린다. 피에르 부르디외Pierre Bourdieu에 따르면, 상징폭력이란 문화 메커니즘을 통해 은밀하게 발현되므로 피지배계층은 강요된 한계를 말없이 받아들이면서, 흔히들 자신도 모르게 때로는 자신의 의지와 반대로 그들의 고유한 지배에 협력하는 데서 결정적인 폐허를 드러낸다(부르디외 1998, 57). 이는 아스마에게도 적용된다. 아스마는 의식 있는 젊은이로, 여성이 결혼하는 이유가 종족 번식이나 남편 섬기기에 그쳐서는 안 된다고 생각한다. 아스마는 청혼하러 오는 남성에게 이집트의 미래에 대해 논하자고 제안하지만, 이를 선선히 받아들이는 남자는 없다. 게다가 아스마의 가족조차도 이런 아스마의 행위를 비난한다.

그녀는 여학교 교사로 부임한 후에도 히잡 쓰기를 거부한다. 이에 학교 교사들은 그녀를 힐난하고, 아스마는 징계위원회에 회부된다. 아스마의 어머니조차 딸이 시위하느라고 타흐리르 광장에서 밤을 보내는 것에 대해 강하게 비난한다. 여성과 남성이 함께 밤을 보내는 일은 '있어서는 안 되는 것'으로 생각하기 때문이다. 이는 이슬람의 교리를 강압이나 구속의 수단으로 사용하고 재생산하는 구조에서 비롯된 사고이다. 무바라크 정권과 이에 따르는 종교 지도자들은 시위대를 국가전복 시도자로 규정한다. 그리고 시위에 참여한 여성을 공격한다. 이집트 사회에서 무슬림 여성들은 따라야 할 덕목에 맞추기 위해 끊임없이 노력해야 한다. 이런 사회 시스템에 위치된 아스마는 심리적 폭력의 희생자이다. 아스마는 시위 중 진압군에 끌려가 온갖 욕설과 구타에 시달리고, 성고문을 당한다. 이제 그녀는 물리적 폭력의 희생자가 된다. 진압군은 아스마가 여성이라는 점을 노리고 형언할수 없는 말과 욕설로 조롱하고 구타한다. 아스마는 "나는 창녀 아스마"(489)라고 거듭 외친 끝에 매질에서 풀려난다. 아스마를 성고문한 장교는 아스마에게 가치를 선고한다. "거봐, 아스마, 이제 너는 쓰레기가 된 거야. 넌 필요 없어. 알았지?"(491)

국가폭력은 이 작품에서 아스마를 통해 구체화되고, 인물이 이를 어떻게 인식하는가를 잘 나타낸다. 아스마는 자신을 성고문한 군인이 정답을 손에 쥐어 주었다고 말한다. "넌 필요 없어"(491) 아스마는 이제 이집트라는 공화국에 필요 없는 대상으로 전락한다. 그리고 그녀는 이것을 "진실"(509)로 인정한다. 아스마는 성고문을 당한 후 인간으로서의 자존감을 송두리째 뽑혔다고 느낀다. 그녀에게 이런 대접을 한 자는 고문을 한 장교뿐 아니라 이집트 국민이라고 여기게 된다.

"그런 이집트인들은 우리가 체포되고, 살해되고, 학대받자, 기뻐하며 박수 치고, 학살을 열광적으로 부추겼습니다. 나는 더 이상 이 사람들을 보호하기 위해 희생하지 않을 것입니다. 왜냐하면 그들은 내가 희생해서 지켜야 할 만한 사람들이 아니기 때문입니다. 그들은 독재자의 지팡이를 사랑하고, 그렇게 취급되는 것 말고는 다른 방법을 알지 못합니다." (511)

그녀는 이 공화국에서 '필요 없는 대상'을 자신에서, 연인이자 혁명 동지인 마진 그리고 혁명을 함께 한 모든 젊은이로 확장한다. "마진! 나는 정말로 '필요 없다', 당신도 '필요 없다', 그리고 혁명을 한 모든 청년도 '필요 없다'"(509).

아스마와 같은 여성 희생자는 또 있다. 17명에 달하는 여성들은 시위에 참여했거나 시위대 근처에 있었다는 이유로 진압군에게 끌려가 성고문을 당한다. 혁명이 성공하고, 무바라크가 하야한 후 이 여성들은 성고문 가해자의 처벌을 위해 증언해야 하는데 세 사람을 제외하고는 그 누구도 법정에서 증언하려 하지 않는다. 이집트 사회에서 여성 스스로가 성고문의 희생자임을 증언하는 일은 위험하다. 당사자뿐만 아니라 가족에게도 피해를 주기 때문이다. 무슬림 사회에서 여성은 반드시 순결을 지켜야 한다는 암묵적 합의가 피해 여성들로 하여금 증언을 거부하게 만든다. 국가권력과 종교가 물리적·인식론적 차원에서 폭력을 합법적인 수단으로 활용하고, 폭력을 효과적으로 행사하는 데 상호 간에 암묵적으로 동조했기 때문에 가능한 것이다(김현아 2015, 12).

"군대가 젊은 여자들에게 저지른 극악무도한 범죄를 알았을 때, 나는 미안한 말이지만 확신이 들 때까지 믿지 않았어요. 17명의 소녀들이 군인들과 장교들 앞에서 벌거벗겨진 채, 차례로 강제로 다리를 벌려야 하고 [⋯] 군인들은 소녀들의 벗은 몸을 구경거리 삼아 평가하고 웃음을 주고받았다고 상상해 봐. 이 굴욕은 그녀들이 이집트인을 위해 정의와 자유를 요구했기 때문에 받은 형벌이었어요." (342)

폭력은 정신적인 것과 육체적인 것으로 구분된다. 아스마가 히잡 쓰기를 거부한 까닭에 품행과 신앙심을 의심받고 징계위원회에 회부된 것은 심리적 폭력에 속한다. 물리적 폭력의 예를 들자면, 아스마가 시위 도중 진압군에게 끌려가 당한 일련의 고문이다. 이런 폭력이 자아내는 궁극적 효과는 아스마의 자존감을 모두 파괴하고 이 사회에서 필요하지 않은 존재라고 인식시켜 주는 것이다. 그 밖에도 이 소설에 등장하는 국가폭력은 시위대에게 발포한 것, 감옥의 죄수를 방면하여 시위대와 콥트 기독교도를 공격하게 한 것 등이 있다.

아스마의 최종 결정은 이집트를 떠나는 것이었다. 72장에서 아스마는 삼촌이 사는 영국에 도착한다. 그녀는 그곳에서 병원 의사로부터 위안의 말을 듣고 씁쓸했던 기억을 마진에게 전한다.

"그가 나를 위로해 주었지만 나는 눈물을 터뜨렸다. 마진, 나는 울었어요. [⋯] 나는 사고가 아니었다고, 이집트 군인들이 내게 이런 짓을 한 것이라고 말하고 싶었어요. [⋯] 네, 저를 해치고, 모욕하고, 비루하게 만든 것은 조국이었어요. [⋯] 병사들과 함께 나를 폭행한 장교가 마지막에 나에게 이렇게 말했지요. "아스마, 넌 필요하지 않아, 알았지?" (509)

아스마는 마진에게 보낸 이메일에서 이집트를 떠나 인간의 존엄을 보장해 주는 곳으로 이주하라고 권한다. 조국 이집트는 아스마에게 더는 의미가 없다. 자신이 이집트에서 필요 없는 존재인 것처럼 자신도 이집트를 저버리겠다고 결심한다. 이렇듯 국가폭력은 피해자를 정치적 망명이나 이주로 내몬다. 이 부분은 알아스와니가 자신의 경험을 빗대서 표현한 것으로 보인다. 국가폭력이 피해자의 상황을 이산의 이슈로 확대한다는 것을 알 수 있다. '암무 마다니'는 아들 '칼리드'에게 권총을 발사해 죽인 군인에게 무죄가 확정되자 국가가 아들의 죽음을 책임지지 않는다고 느낀다. 오히려 국가는 가해자의 편을 들어 국가폭력을 정당화한다. 이 소설의 마지막 장인 73장에서 암무 마다니는 가해자를 직접 단죄한다. 국가가 국민보호라는 고유의 기능을 상실한 구조에서 국가폭력의 대상이 된 시민이 사적 심판이라는 자구책을 찾는 것이다. 이렇게 알아스와니는 독자에게 국가의 역할은 무엇인가? 하는 질문을 던진다. 이 소설에서 국가는 시민을 보호하기보다는 시민을 억압하고, 고문하고, 죽이는 하나의 권력기관일 뿐이다. 이런 맥락에서 알아스와니는 소설의 제목을『가짜 공화국』으로 설정한 것으로 보인다.

3. 결론

이 글은 아랍 문학이 자힐리야 시대부터 정치와 어떤 관련을 맺고 있었는지, 지금도 관련을 맺고 있다면 아랍 무슬림 사회에서 얼마나 정치적인 기능을 담당하는지 혹은 그 기능은 어떤 것이 있는지를 살펴보았다. 이를 위해 자힐리야 시대 시인의 정치참여, 부족 사회에서 시인의 기능을 알아보고, 이슬람 도래 이후에도 시인들이 지도자나 부족장에게 충성의 맹세, 혹은 칭송을 위해 헌시하던 예를 살펴보았다. 2010년 시작된 아랍의 봄으로 아랍 세계의 정치적 지형도는 크게 변화되었다. 이집트의 경우 2011년 1월 타흐리르 광장에서 일어난 시민봉기는 이집트 혁명으로 발전했고 그 혁명은 아직도 미완으로 남아 있다. 이 글은 알라 알아스와니의 소설『가짜 공화국』에 나타난 이집트 혁명의 전조와 혁명의 재현을 국가폭력을 중심으로 고찰했다. 한 사회의 문화 매체로서 소설은 혁명과 같은 대변혁의 물결에 몸을 맡기고 역사적 사건이라는 자양분을 충분히 흡수한 후, 수사학과 미학적 창작의 문법을 지키며 사회를 고스란히 반영하고 동시대의 기록으로 존재한다. 그러므로 독자는 소설 속 인물의 행위에 공감하고 시대적 화두에 답하기 위해 성찰하게 된다. 작가 알아스와니의 말처럼 소설 작품이 현재 상황을 바꾸지는 못하지만, 독자가 세상을 보는 시각을 바꿀 수 있기를 희망한다. 문학과 정치가 다른 듯 같은 것은 양자 모두에 인간이 사회생활을 영위하며 필요한 욕구를 대변하는 기능이 있기 때문이다. 이렇듯 아랍 문학은 1,500년이 넘는 역사 속에서 아랍인의 정치 행위를 기록하고, 예견하고, 재현하는 기능을 오롯이 수행하고 있다.

주석

1 입고 있던 외투를 벗어서 상대에게 입혀 준다는 것은 이슬람 이전부터 있던 아랍 베두인의 전통으로 상대를 신뢰한다는 의미다.

2 무으타질라는 8세기 우마이야조 바스라에서 시작된 이슬람 사변신학 학파이다. 무으타질라 학자들은 이성(al-'aql)을 중요시했는데, 9세기 압바스조의 칼리파 마으문 치하에서 절정을 이루었다. 대표적인 학자로는 아부 알후다일과 낫잠이 있다. 문인 중에서는 알자히즈가 무으타질라의 대표적 인물로 간주된다. 무으타질라는 대립되는 여러 입장 중 중도적 입장을 취하고, 종교와 정치적 영역에서 중요한 역할을 했다.

3 이슬람 도래 이전부터 있었던 아랍의 정형 장시.

4 '키파야'는 아랍어로 '충분하다'라는 뜻이다. 이집트 민주화를 목표로 하는 이들이 만든 시민운동으로 '무바라크 대통령의 집권이 충분하므로 물러나라'는 의미이다.

5 Global Encounters: Alaa al-Aswani and Stefan Weidner, 2020년 12월 23일 유튜브 영상 참조.

6 『야쿠비얀 빌딩』은 2011년 을유문화사에서 김능우 번역으로 출판되었다. 한국어 번역 출판본이 있는 경우는 서명에 원어를 병기하지 않았다.

7 2010년 이집트의 알렉산드리아에서 칼리드 사이드라는 청년이 실종된 후 처참한 모습의 시신으로 발견된 사건이 있었다. 칼리드의 처참한 죽음에 많은 사람이 분노했고, 2010년 6월 10일 Kullunā Khālid

Sa'id 페이스북 아랍어 페이지가 개설되었다. 이 사이트는 2011년 이집트 혁명 발발에 큰 영향을 주었다. 이 페이지는 2011년 독일의 Deutsche Welle 방송의 '인터넷상 최고의 사회활동 캠페인 상'을 수상했다. 알아스와니는 소설 속 인물에게 칼리드라는 이름을 부여함으로써 독자가 실제 인물 칼리드를 연상하게 한다.

8 무슬림 사회에서 어떤 행위나 사고에 대해 옳고 그름을 묻는 일이 비일비재하다. 이때 사람들은 무프티에게 견해를 묻는데, 무프티가 내리는 견해를 '파트와'라 부른다. 이는 법원의 강제력이 있는 판결이 아니고 종교적 지침에 의거한 견해이지만 일부 아랍 국가에서는 법에 준하는 권위를 지니고 있다.

참고자료

김경호·이종화(2020), 「이집트 소설을 통해 본 사회문제와 2011년 시민혁명의 전조」, 『한국이슬람학회논총』 30(3), 2020, 149-182.

김한식(2011), 「미메시스, 재현의 시학에서 재현의 윤리학으로」, 『불어불문학연구』 88, 겨울호, 232-272.

김현아(2015), 「리비아 국가폭력과 가족의 트라우마: 히샴 마타르(Hisham Matar)의 『남자들의 나라에서』」, 『현대영미소설』 22(2), 5-28.

랑시에르, 자크(2007), 『문학의 정치』, 유재홍 역, 인간사랑.

루카치, 게오르그(1995), 『小說의 理論』, 반성완 역, 심설당.

부르디외, 피에르(2008), 『남성지배』, 김용숙·주경미 역, 동문선.

알아스와니, 알라(2002), 『야쿠비얀 빌딩』, 김능우 역, 을유문화사.

캘리니코스, 알렉스, 이집트 사회주의자 외(2011), 『이집트 혁명과 중동의 민중 반란』, 김하영·전지윤 편, 책갈피.

푸코, 미셸(2020), 『헤테로토피아』, 이상길 역, 문학과지성사.

al-ʾAswānī, ʿalāʾ(2019), *Jumuhuriyyah Kaʾanna*, Beirut: Dār al-Ādāb.

Aljazeera. https://www.aljazeera.net/news/cultureandart/2011/10/1/%D8%A7%D9%84%D8%B1%D8%A8%D9%8A%D8%B9-%D8%A7%D9%84%D8%B9%D8%B1%D8%A8%D9%8A-

%D9%81%D9%8A-%D8%A7%D9%84%D8%AA%D9%86%D
8%A7%D9%88%D9%84-%D8%A7%D9%84%D8%B1%D9%8
8%D8%A7%D8%A6%D9%8A (search: 2022.07.05.).

Bakrī, M.(2019), "Jumuhuriyyah Ka'anna."

Cachia, P.(2002), *Arabic Literature An Overview*, New York: Routledge-Curzon.

"Global Encounters: Alaa Al-Aswani and Stefan Weidner"(2020. 12.23.). https://www.youtube.com/watch?v=c0YhlW82h_U&ab_channel=internationalesliteraturfestivalberlin (search: 2022.07.05.).

Langue et Culture arabes. https://langue-arabe.fr/%D8 %AC%D9%85%D9%87%D9%88%D8%B1%D 9%8A%D8%A9-%D9%83%D8%A3%D9%86- %D8%B9%D9%84%D8%A7%D8%A1-%D8%A7 %D9%84%D8%A3%D8%B3%D9%88%D8%A7% D9%86%D9%8A-%D9%85%D8%B5%D8%B1- %D8%B1%D9%88%D8%A7%D9%8A%D8%A9 (search: 2022.07.05.).

Maḥfūẓ, N.(1969), *Taḥta al-Miẓallah*, Cairo: Maktabah al-Miṣr.

Naengast, C.(1994), "Violence, Terror, and the Crisis of the State," *Annual Review of Anthropology*, Vol. 23, 109-136.

INDEX

저자 소개

김정아

한국외국어대학교 중동연구소 전임연구원이다. 한국외국어대학교 아랍어과와 통번역 대학원을 졸업하고, 동 대학 대학원에서 아랍문학 박사 학위를 취득했다. 중세 아랍 산문 연구에 관심을 갖고,『천일야화』,『수전노』,『마까마』 등을 연구했다. 현재는 이주 작가의 소설에 나타난 '아랍의 봄'의 재현과 이주민의 정체성을 주로 연구하고 있다.

엄한진

한림대학교 사회학과 교수이다. 프랑스 파리8대학에서 정치사회학 박사 학위를 취득하였고『다문화사회론』,『이슬람주의』,『프랑스 이민문제』 등을 집필했다. 주요 연구 분야는 북아프리카, 이주, 종교이며 최근에는 증오 현상, 이주 배경 청소년, 중동의 정치사회학 관련 집필 작업을 하고 있다.

이경수

한국외국어대학교 중동연구소 전임연구원 및 동 대학 융합인

재학부 객원강의교수이다. 레바논 국립레바논대학교에서 사회학 박사 학위를 취득하였다. 주요 연구 분야는 레바논 위기로 인한 이주 현상 및 레바논 내 이주민들의 현황, 그리고 아랍의 봄 이후 아랍 국가에서 발생하는 다양한 이주 현상이다.

김수완

한국외국어대학교 융합인재학부 국제전략 주임교수이다. 중동학박사로 중동이슬람전략을 강의하고 있고 동 대학 국제지역대학원 중동아프리카학과에서도 중동지역학을 강의하고 있다. 현재 〈한국이슬람학회〉, 〈한국중동학회〉와 〈한국아랍어아랍문학회〉 상임이사로 활동하며 KBS, 연합뉴스 등 주요 언론사의 중동 자문위원으로 활동 중이다. 주요 연구 분야는 중동이슬람 지역 사회문화로 미디어, K-Culture, 인권, 비즈니스 문화등과 관련한 집필 및 학술활동을 하고 있다.

김은지

한국외국어대학교 중동연구소 책임연구원 및 아랍어통번역학과 초빙교수이다. 동 대학 국제지역대학원에서 중동사회문화로 사회학 박사 학위를 취득하였고, 『중동 문화코드의 이해』, 『기초아랍어문법』 등을 집필하였다. 주요 연구 분야는 GCC 국가정체성 확립과 교육정책, 중동 문화콘텐츠산업과 청소년문화이며,

현재는 문화콘텐츠에 드러난 아랍인의 정체성에 대해 연구하고 있다.

서정민

한국외국어대학교 중동연구소 전임연구원 및 동 대학 아랍어과 강사이다. 미국 텍사스 오스틴대학교 중동학과에서 아랍어 응용언어학 및 외국어로서의 아랍어교육 전공으로 박사 학위를 취득한 후, 현재 한국교육과정평가원 자문위원으로 활동 중이다. 주요 연구 분야는 아랍어 방언 및 문화 교육, 외국어 능력 평가, 아랍어 교육에 있어서의 통합적 접근법, 교육 과정 설계 및 교재 평가, 교사 재교육 등이다.

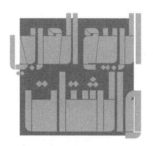